KB265594

정치는 **왜**

정치는 왜

도서출판 선영사

Prologue

새로운 참여의 시대에 서서

"정치는 왜"라는 말은 정치에 관심 있는 국민이나, 정치일선에서 직접 몸을 담그고 뛰는 사람이나 항상 되물어 보는 말일 것이다. 더욱이 요즘같이 정치 불신이 팽배한 사회 풍토에서는 더욱 그렇다. 정치는 왜 하나, 정치는 왜 그렇게 엉망인가. 정치는 왜 중요한가 등 우리는 "정치는 왜"라는 문구속에서 정치의 존재이유부터, 정치의 사회적, 현재적 의미까지 깊이 고민할 수 있다.

이 책을 집필하게 된 직접적 동기는 지난 8월부터 한국사회를 강타한 안철수 돌풍 때문이었다. 안철수 바람이 거세게 휘몰아쳤을 때, 일부 식자들은 "일시적인 포퓰리즘일 것이다. 정치는 정치하는 사람들이 해야지, 안철수라는 사람은 그저 잠시 관심이 고조되는 인물일 것이다"라고 말했다.

그러나 전혀 아니었다. 안철수 돌풍은 아직도 사라지지 않고, 우리정치사회의 대변혁을 예고하는 대목으로 자리 잡고 있다. 또한 최근 불고 있는 나꼼수 바람과 함께, 안철수 돌풍은 우리사회가 엄청난 속도로 변화하고 있음을, 역동적인 한국사회의 미래를 시민이 주체가 되어 개척하고 있음을 보여주고 있다. 일부 폐쇄적 사고를 갖고 있는 사람들은 나꼼수, 안철수 그 자체만 보려고 한다. 하지만 안철수 개인만 바라봐서는 그 현상을 이해하지 못한다.

안철수 돌풍을 만들어 내고 있는 시민들의 욕구, 시민들의 응집력, 그 몸부림을 꿰뚫어 봐야한다. 그래야 역사적 의미를 찾아내고, 시대의 흐름에 자기 자신을 함께 할 수 있을 것이다. 이제, 기존 질서만을 고집하는 속칭, 제도권 정치와 제도권 언론의 시대는 끝나가고 있다. 그것은 정보통신이라는 과학의 발달로 인해, 더욱 속도감 있게 진행되고 있다.

중앙의 소수 엘리트들이 정보를 독점하여 여론을 만들어 내고, 국민을 현혹시켜 그들이 원하는 방향으로 사회 가치를 몰고 가는 전근대적 유린행위는 더 이상 존립하기 힘들다. 우리들이 만들어 내고 우리들이 여론을 재생산하고 있다. 이제 제도권 언론은 그 흐름을 따라오기에 급급할 뿐이다. 진정한 국민의 힘과 국민의 시대가 다가오고 있다. 대리인을 선출하여, 감시만 하던 정치풍토도 사라지고 있다.

이제는 시민들이 직접나서 정치환경을 조성하고, 정치질서를 새롭게 창조하는 시대로 접어들고 있는 것이다. 이러한 의미에서 "정치는 왜"라는 문구를 되씹어 보고자 한다.

이 책을 혼자 쓰고 싶지 않았다. 왜냐하면 나 자신이 시민들이 원하는 정치가 어떤 것인지, 무슨 문제가 있는 것인지, 그리고 대안은 무엇인지 정확히 안다고 자신하지 못했기 때문이다. 그래서 시민 여덟 분의 글을 함께 엮었다.

이분들에게 청탁을 할 때, 처음에는 주저하신 분들도 있었다. 그러나 "그냥, 평소에 느끼고 계신 생각들을 가감없이 진솔하게 써주세요"라고 부탁하자 바로 써 주셨다. 그래서 책 구성의 맨 앞에 그분들의 글을 실었다. 진심으로 감사드릴 따름이다.

5+2라는 아이디어는 저의 오랜 벗이자 동지인 메디치 미디어 대표 김현종씨가 제공해주셨다. 김현종 대표는 바꿔져야할 정치관행 5가지와 새롭게 우리가 만들어 나가야 할 정치 2가지를 집필해 보라고 말씀해 주셨다. 시간상 제약 때문에 좀더 많은 사례 조사를 하지 못해 무척 아쉽다.

고쳐야할 정치 5가지 함께해야할 2가지(5+2)는 정치활동을 하고 계신 분들을 단순히 공격하거나, 혹은 배타적으로 매도하려 한 것이 전혀 아님을 분명히 밝히고자 한다.

저 자신에 대한 반성도 포함되어 있으며, 우리가 품고 있는 상식적 생각을 좀 더 사실감 있게 정리해 본 정도로 이해해 주었으면 한다.

월요정치살롱은 마포의 "성미산 마을 공동체" 사람들과 함께한 소중한 시민참여 실험이었다. 총 7차례 진행된 경과와 자료 등을 함께 실었다. 매우 유익한 사례라고 생각한다. 왜냐하면, 그것은 향후 우리 시민들이 만들어나갈 정치 네트워크에 도움이 될 것이라고 여겨지기 때문이다. 안타까운 것은 우리가 좀 더 풍부한 자료를 남겨 놓지 못한 점이다.

그리고 1년여 동안 MBN과 OBS등에 출연해, 정치현안에 대해 평론했던 내용을 글로 다시 정리해 보았다. 방송내용과는 정확히 일치하지 않음도 밝힌다. 준비했던 방송원고에 기억을 살려 가감을 했기 때문에 조금 다를 수도 있다. 하지만 방송할 당시 본인이 의도했던 시사점은 표현되었다고 본다. 독자들이 정치 상황을 이해하는데 도움이 되었으면 한다.

글을 쓴다는 것, 또 책을 출간한다는 것은 사실 용기를 필요로 한다. 자기 자신이 과연 객관성이 있고, 설득력 있느냐라는 점 때문이다. 또한 얼마나 정직하고 진솔하게 자신의 생각을 담았느냐도 평가된다. 하여튼, 우리정치의 현주소가 어디까지 와있고, 시민들이 한국정치를 향후 어떻게 끌고 가려는 지를 고민해본 글이라고 여겨주었으면 한다.

부디 이 작은 책이 소중하게 읽혀지기를 바라고, 또한 우리정치의 지평을 넓혀주고, 국민이 참여해서 국민이 만들어가는 새로운 한국정치를 만들어 나가는데 조그마한 보탬이 되기를 희망한다.

끝으로 이 책을 만드는데 기꺼이 원고를 써주신 여덟 분의 주민들과 도서출판 선영사의 김영길 사장님과 김범석 부장님, 또 평론의 기회를 열어주신 MBN 관계자 분들, 월요정치 살롱을 함께했던 섭섭이·갈숲·조반장·치웅이, 항상 말없이 부족한 저를 지켜보기만 하는 제 처 양지순씨와 아들 병민, 승민이에게 행복하고 아름다운 세상이 함께 하기를 기원한다.

유용화

C·O·N·T·E·N·T·S

시민들이 쓴
한국정치 뒤집기

성미경(여) 46세, 합정동

오늘도 네 아버지는 소규모 상인들과 함께 FTA 반대집회
에 나가셨구나.

이 늦은 시간까지 돌아오지 않는 걸 보니 무슨 일이 생긴
건 아닌지 노심초사다.

난 여태 집회나 데모는 뉴스에서나 보는 일로 알았구나.
내 가정과는 상관없는 먼 곳의 이야기로 알았구나.

그런데 어찌된 일인지 네 아버지가 힘없는 모습으로 그곳
으로 향한단다. 그저 성실히 가게일밖에 모르던 네 아버지가
말이다.

아버지와 나는 평범하고 소박한 사람이란다. 열심히 일하
여 네 뒷바라지를 하고, 이웃들과 함께 즐겁게 지내고 싶단다.

그런데 언제부터인지 뉴스보기도 겁나고 한숨이 잦아지고, 이러다 기본생존권마저 침범당하여 평범한 일상이 깨지지나 않을까 걱정이 된단다.

아들아.

난 요즘 밖에 나가기가 두렵구나.

옆 마을에 대규모 마트가 들어섰을 때만 해도 잠깐 걱정하다 말았고 인정스런 이웃들이 오가며 들르는 가게인지라 별 지장이 없을 줄 알았다. 그런데 그게 아니더구나.

어느 참에 중간 크기의 마트들이 곳곳으로 들어왔다. 거기에다 외래어 간판을 단 24시 편의점이 몇 발짝을 사이에 두고 성행 중이다.

그때부터였을 게다. 네 아버지의 한숨이 깊어진 것은. 새벽에 일어나 먼 데까지 가서 싱싱한 채소와 과일을 떼어오지만, 하루 이틀 쌓여만가는 재고를 볼 때마다 한숨이 나오는구나.

이젠 갈수록 생명력을 잃어가는 조그만 가게들. 그저 야속하고 서운한 마음만 크다. 이런 문제들이 생기기 전에 정부가 서민들을 위해 대비책을 제시하고 생계유지 대안책을 마련해 줬어야 하지 않나 싶다.

네 아버지가 돌아오지 않는 밤, 혹여 그이 발소리일까 귀 기울이며 신문을 펼친다.

아들아.

나는 나날이 간절한 바람이 생기는구나. 대통령이 혼자 결정하지 말고 국민과 함께 의논하여 결정을 하는 나라였으면 좋겠다. 국민투표를 통해서 말이다.

또 하나의 바람은, 네 자식 세대에는 이 답답한 사회를 물려주지 않았으면 한다.

너희의 후손들이 사는 세상은 더 환히 웃는 세상이었으면 한다. 그러기 위해서는 젊은 너희가 더욱 노력해야 할 게야. 내 아들은 충분히 그럴 수 있음을 아버지와 나는 믿는다.

공부로 바쁘겠지만 세상에, 사람들에게 귀를 여는 참사람이 되기를 바란다.

알아도, 몰라도 독

이성혜 (여), 25세, 성산동

알아도, 몰라도 독이 되는 것.

저에게 있어 정치가 바로 이런 존재입니다. 알면 답답하고, 안타까운 마음에 독이 되고 몰라도 그 영향을 피할 수 없어 그 역시 독이 됩니다.

직장생활을 시작한지 이제 1년이 조금 넘어가는 사회 초년생 입장에서 학생일 때와는 또 다르게 생활에서 더 가까이 체감하는 것이 바로 정치입니다. 물론 요즘은 학생들에게 있어서도 정치는 남의 일이 아니라 바로 그들의 생계와 연관되어 있습니다.

그래서인지 이러한 정치에서 요즘 가장 먼저 이슈로 떠오르는 것이 '나꼼수'이고, 특히나 20~30대에게 폭발적인 지지를 얻고 있어 한편에서는 이것을 빼고는 정치를 논할 수 없다는 말이 나올 정도입니다.

'나꼼수'란 것에 대해 찬성 혹은 반대의 의견을 이야기하는 것이 아닙니다. 얼마 전까지만 해도 친구들과의 모임에서 함께 나누던 이야기의 주제 자체가 이것으로 인해 보다 진지한 정치에 대한 이야기들로 바뀐 것에 대한 이야기를 하고자 하는 것입니다.

현 정권에 들어선 이후 언론의 자유도에 있어 국가순위가 아프리카 가나와 비슷한 70위권으로 떨어지는 등 민주화 수준이 후퇴되었다고 평가되고 있습니다. 또한 정치 부패지수가 높아졌다는, 충분히 우려할만한 사실 속에서 국민들이(대표적인 사례로 제 주변 친구들이) '나꼼수'라는 것을 통해서라도 정치에 대해 관심을 가지게 됐고, 현재의 주요 언론에서 다루는 일련의 사건들에 대해 조금 다른 시각으로 설명해주는 매체가 있다는 것은 반가운 일이라고 생각합니다.

이러한 상황 속에서 상반된 의견들을 모두 들어보았을 때 개인적으로 현재의 정치적인 이슈들을 바라보면, 사실 여전히 답답하다고 생각하는 부분들이 있습니다. 위에서 언급한 바와 같이 언론의 자유도에 대한 국가 순위가 낮아진 데에는, 정치권이 가장 큰 원인 중 하나라고 생각합니다. 이와 비슷하게는 국민들의 의견을 주장하는 시위 등에 대해서 대처하는 자세나 방안에 대한 부분도 잘못된 부분이 많이 있습니다. 이러한 것들로 인해 국민들은 당연히 더욱 화가 날 수밖에 없다고 생각합니다.

　정치는 정치인들이 하는 것입니다. 그런데 그 영향은 국민들이 더욱 크게 받게 됩니다. 그렇기 때문에 이러한 정치인들을 국민의 손으로 뽑는 것입니다. 아주 기본적이지만 무엇보다도 중요한 사실은 정치인들은 개인으로서 그 자리에 있는 것이 아니라 국민들을 대변하는 사람들이기에 국민들의 의견을 반영할 수 있는 역량을 가지고 그에 맞는 역할을 해야 한다는 것입니다. 따라서 국민들의 의견에 대한 수용과 정치에의 반영을 위한 노력이 더 높아져야 합니다.

　최근 강조하고 있는 키워드 중 하나가 바로 '소통'입니다. 이것이 바로 위에서 말한 부분들을 보완할 수 있는 핵심 방안 중 하나라고 생각합니다. 소통이 더욱 중요하게 대두되고 있는 것은 그만큼 제대로 된 소통이 이루어지는 것이 어렵기 때문일 것입니다. 진정한 소통이 정치에서도 이루어질 수 있도록 더욱 노력하기를 바라는 마음입니다.

앙상한 나뭇가지 사이로 불어 오는 한강의 앙칼진 바람은 오늘도 어김없이 와우산을 휘몰아 나간다.

세모에 다가서는 요즈음 한해를 결산하고 지나온 발자취를 추억하려 일부러 와우산 오솔길을 걷노라면 '서강팔경'이라는 이름에 걸맞게 눈 아래 깔리는 주변 풍경이 예사롭지 않은 아름다움으로 다가온다.

2007년 1월 1일자로 창전동과 상수동이 통합되어 서강동으로 출범하여 살기좋은 마을 만들기사업의 일환으로 와우산에 자연체험학습장을 만들게 된 동기는, 도심의 어린이에게 쉽게 접할 수 없는 자연체험의 기회를 부여하고자 했음이며, 마침 체험학습이 트랜드화 되어가는 점에 착안한 것이다.

체육공원을 이용하는 몇몇 주민 외에는 방치되다시피한 와우산을 주민 곁으로 끌어들여 삭막한 회색의 도시에 자연을 접목하는 주민 자발적인 야심찬 에코사업이었다.

특히 그 대상을 어린이로 한정한 것은 보호자인 부모의 자연적 참여가 예상되어 가족단위의 프로그램이 될 것이며, 향후 어린이가 성장했을 때 애향심을 갖게 되는 등 부수적 효과를 다양하게 거둘 수 있겠다는 판단에서였다.

손바닥농장, 꼬마곤충마을, 별자리여행, 밤섬철새관찰학습, 숲속탐방학습, 와우산작은음악회 등 다양한 서강동의 주민자치 프로그램은 자연스러운 주민의 참여를 유발함으로써 주민과 함께 살기좋은 마을을 만들어 나가자는 당초의 주민자치 목적에 부합했으며 주민 스스로의 노력으로 완성되었다는데 더 큰 의미가 있다.

이렇듯 지방자치의 말단에서 주민자치의 실현을 위하여 몸부림 치는 것에 비하여, 요즘 사회 전반에 막강한 영향력을 행사하는 정치 현실을 살펴보면 고질적인 정치 관행에서 아직까지 벗어나지 못하고, 좌충우돌하고 있으며 우리의 눈높이 요구에도 전혀 부응하지 못하고 있다.

정치라 함은 당연히 국민에게 비전을 제시하고 정치인은 그 과정의 중심적인 행위자이어야 한다.

이런 점에 비추어 볼 때 이슈화된 정치 현안에 대한 날카로운 해석과 평론으로 대안을 제시하는 신선한 사람, 때 묻지 않은 경력과 합리적인 성품으로 다져진 화합형 리더로 미래의 지도자상에 가장 근접한 인물이 있었으면 좋겠다.

정치의 실종이라는 말이 이구동성으로 회자되는 현실에서 정치권의 무능력을 확실히 깨부실 수 있는, 정치인의 재목이 나의 곁에 존재할 것이라 믿으며 무한한 박수를 보낸다.

주민자치의 완성을 열망하는 나의 작은 소망과 함께 우리의 만남이 행복 시너지효과를 배가 시키는 계기가 되길 기대한다.

소통하는 정치를 바라며

김경민 (남), 20세

2011년, 우리 사회에 가장 많이 오가던 말이 무엇일까?

경제? 복지? 나는 그 답이 '소통'이라 생각한다. 대한민국의 정치에 있어 가장 문제가 되는 말 역시 소통이다. 정치란 사회의 모든 부분을 총괄하는 통합적인 행위이다. 언론을 포함한 모든 종류의 커뮤니케이션, 심지어 옆집 아저씨가 친구들과 술집에서 나누는 대화 까지도 이 모든 것이 정치적 행위의 일환이라고 할 수 있다. 이런 작은 소통들이 모여 여론을 형성하고, 그 형성된 여론은 정치적 행위를 일으키는 요인이 된다. 즉 정치의 기반은 '소통' 그 자체인 것이다.

이러한 상황에서 현실정치는 아날로그적 감성으로 가득차 있다. 아직도 신문과 텔레비전을 통해 퍼트리는 정보가 여론유도에 결정적인 역할을 수행한다고 생각하고 있는 것이다.

일본에서 이미 실패한 작품이라고 평가받는 종합편성채널을 개국한 것도 — 그것도 거대 언론사 위주로 — 이러한 착각의 연장선이라 할 수 있다. 신문의 낮아진 영향력을 종편을 통해 만회하려 하는 것이다. SNS 규제법과 같은 시대착오적 정책을 입법하려 하는 것도 국민이 일방적인 정보수용의 대상이라 생각하는 태도 중 하나이다.

SNS 이전, 인터넷이 활발히 번진 이후로부터 시대는 쌍방향 소통을 원하고 있다. 그러나 정치권은 아직 아날로그적 마인드에서 벗어나지 못하고, 시민들의 말을 듣기보다는 자신의 의견의 수용자로만 바라보고 있다. 현실정치에 젊은이들이 염증을 느끼는 이유도 바로 이것이다.

본래 정치에 무관하던 젊은이들 뿐만 아니라, 정치에 관심을 가지고 자신의 의견을 내보려 했던 젊은이들조차 거듭된 소통의 부재 앞에 점점 정치에 염증을 느끼고, 염증을 느낀 젊은이들이 정치에 관심을 가지지 않으며, 종국에는 젊은이들이 유권자로써의 권리를 올바르게 행사하지 못하는 지경에까지 이른다.

표가 있는 곳에는 예산이 들어가기 마련이다. 20대 투표율이 70% 수준까지 올라간다면, 반값등록금은 더 이상 꿈같은 소리가 아니다. 말하자면, 젊은이들의 정치적 무관심은 그 자체로 활발한 시민권의 행사를 막을 뿐만 아니라, 당장 우리 부모님과 자신의 지갑의 고통으로 이어지는 것이다.

정치는 높으신 분들이 자기네들끼리 결정한 것을 "네 알겠습니다."라고 수용하는 행위가 아니다. 스스로가 주체가 되어 활발히 참여해야만 비로소 자신이 원하는 것을 받을 수 있다.

정치권의 지도자들 역시 이러한 시대의 흐름을 인식하고 소통에 열을 올리려고 한다. 그러나 기본적으로 쌍방향 소통에 익숙하지 않은 그들은 젊은이들과의 대화에서 또 훈계와 설득을 펼치기도 한다. 아날로그 정치인이 디지털시대의 정권을 잡고 있음으로 인해 나타나는 일종의 문화지체현상이라고 할 수 있다.

정리하자면, 현실정치의 문제점은 소통의 부재이다. 그리고 그것을 해결할 방안은 고위층이 올바른 소통방법을 익혀야 한다. 즉 유권자가 자신의 졸이 아닌, 자신에게 권리를 양도한 동등한 시민권의 주체라는 대의제의 기본을 이해해야 한다는 것이다.

이를 유도할 힘은 바로 시민들 자신에게 있다.

"공약을 제대로 지키지 않는다?"

"당신의 이야기를 들으려 하지 않는다?"

"어짜피 ○○당이 당선 될 테니, 투표 하는 건 시간낭비다"

혹은 "그래도 뽑아줘야지 어쩌겠어." 같은 어리석음에서 벗어나야 한다.

또 우리를 위한 대표자가 아니라면 표 받을 생각마라. 이런 태도가 필요한 것이다. 우리가 술자리에서 나누는 잡담, 페이스북에 가볍게 올리는 글, 이 모든 것이 정치에 영향을 끼친다는 것을 인식하고, 우리 모두 활발히 정치하자. 그리고 어느 당이든, 누구라도 좋으니 냉철하게 판단하고, 투표를 해야 한다.

분명히 기억해야 한다. 표를 가지고 있는 우리는 정치의 주인이다. 주인의식을 가지고 당당히 그들과 소통하자. 우리의 대표자와 소통할 권리는 선진 시민사회에서 기본적으로 갖춰져야 한다. 시대가 바뀌고, 정치가 바뀌어 사람 살 맛 나는 세상을 만드는 유토피아의 시작은 우리의 몫이다.

이태호 (남), 66세, 성산동

정치를 밖에서 오랫동안 지켜봐온 이제 노년의 문턱에 들어선 나라를 걱정하는 사람입니다.

요즘 정치를 보고 있노라면 참 가관입니다.

어쩌다 이 모양으로 여기까지 왔는지, 먼저 태어나 세상을 살아온 선배로서 어린 후손들에게 면목이 없습니다.

비록 많은 재산을 남겨주지 못 하더라도 이웃과 오순도순 재미있게 살아갈 수 있는 평화스러운 나라 — 민주주의가 깔끔하게 자리 잡은 나라, 바른 말과 행동 그리고 정도를 가는 사람이 리더가 되고 국민이 즐겁게 콧노래 부르며 따라가는 나라, 본인이 아무리 불리하고 자신이 없다 해도 양심적인 사람을 좌파나 빨갱이로 색칠하지않는 정직한 나라 — 를 물려

주고 떠나는 것이 꿈이었는데.

소위 집권당이라는 곳은 자고나면 뭔가 자꾸 터지는데, 한 점 의혹 없이 규명을 한 후에 책임질 자는 처벌을 받고, 국민에게 사과를 해야 하는데, 규명은 커녕 덮기에만 급급하고, 눈도 안가리고 아옹하는 식이니, 도대체 국민을 뭘로 보는지 이건 도무지 기가 찰 노릇입니다. 그래도 고정 지지층은 일편단심 진정으로 나라를 위하는 마음이라면 제발 그 어두운 박쥐들이나 사는 암흑에서 광명을 찾아 나오시길 두손모아 비나이다.

그리고 60년 전통의 역사에 빛나는 제일야당, 요즘 왜 이렇게 국민들에게 실망을 주는지, 집권당은 지지율이 낮은데, 왜 야당은 그 밑에서 벌벌 기는지, 정말 기가차고 한심한 노릇입니다.

이것을 해결 할 수 있는 빙법은 오로지 "대통합"뿐.

대통합만이 유일한 희망입니다.

밖에서 사심이나 편향된 생각없이 오랫동안 지켜봐온 사람으로서 생각 끝에 나온 것은, 몸과 마음에 길들어 진 지역에 대한 애향 정신과 기득권의 발로가 아닌가 싶습니다. 거기다 학연, 혈연 관계도 일조를 했겠죠. 이 모든 것들이 통합의 걸림돌이 되고 있습니다. 나 아니면 안 된다는 아집과 독선. 병중의 병이죠.

이젠 이대로는 절대로 안됩니다. 나라도 당도 모두 살 수 있는 길을 찾아야 합니다.

그것이 바로 야권 대통합이죠. 기득권포기, 인적쇄신, 그리고 통합. 그러기 위해서는 제일야당이 많은 것을 내 놓아야 합니다. 당헌, 당규나 찾고 역사와 전통이나 노래하고 있다가는 정권교체는 커녕, 영영 지역당 신세를 면치 못할 것입니다.

많은 국민은 정권교체를 간곡히 바라고 있습니다.

국민에게 희망을.

나의 10가지 작은 목소리

배성자(여) 55세, 합정동

국가의 권력을 획득하고 국민들의 삶을 영위하고자 서로간의 이해 관계를 조정하고 잘못된 질서를 바로잡는 지위를 부여받은 선택된 사람들이 바로 정치인이다. 그런데 전혀 발전하지 않고 성숙한 모습은 실종한지 오래되고 제 밥그릇 챙기기 급급한 현 모습에 통탄을 금하지 못해 개혁과 소통이라는 작은 소리를 다음과 같이 열거하고자 한다.

1. 현재 국회의원 선출의 전국구 제도는 각 정당의 정치자금을 조달하는 조달창구로 전락해 선거가 끝나고 나면 온갖 비리로 얼룩져 서로 못잡아먹어서 안달이 난, 약육강식의 동물의 세계를 보는 것 같다. 이렇게 엉망일

바엔 차라리 전국구 제도를 폐지하는 게 어떨지.

2. 또한, 국민들이 선택한 대표는 연임을 어떠한 경우라도
   불가한 채로, 연임을 못하게 하여 전임자의 능력을 검
   증받는 계기가 되고 또 이러한 검증 계기로 임기동안
   최선을 다해 국민의 삶의 질을 높일 수 있도록 최선을
   다할 것으로 사료되며,

3. 공천은 당도 중요하겠지만 국민 또는 주민의 최다 추권
   제로 결정도 참고했으면 어떨지.

4. 면책특권을 이용해 국회 내에서 함부로 이야기하는 것,
   대표로서의 자격이 의심스럽고 그런 행위는 자재했으
   면 하는 바람이며, 전쟁터를 방불케하는 행위들 또한
   한심스럽다.

5. 대표로 선출되고 나면, 임기동안 무엇을 하는지 알 수
   도 없고 세비받은 값은 하고 다는지, 일단 대표로 뽑히
   기 위해 신발이 닳도록 유권자를 찾을 때에는 언제고
   일단 뽑히고 나면 지역주민의 작은 소리는 아예 무시
   하는 처사가 안타까울 뿐이다.

6. 가장 친근함으로 주민들과 자주 접하는 방법으로는 폼
   나게 시커먼 차를 타고 다닐 게 아니라 걸어서, 또는
   대중교통을 이용 주민들의 불편을 다소 헤아릴 수 있
   을 것이다.

7. 터무니 없는 공약만 남발말고 현실적으로 상황에 맞는

국민, 주민들이 필요로 하는 것들을 알기 위해서는 많은 사람들을 만나야 한다.

8. 제발 세금 축내는 일은 하지 마시고, 내 주머니에서 안 나간다고 다수의 여럿을 위한다고, 여러 사람 힘들게 하는 정책들은 재고했으면 하는 바람이다.

9. 싯가 2억. 아주 작은 빌라 소유주라고 있는 세금 없는 세금 몽땅 걷어들이고, 전세 4억에 살고 있는 사람 집 없다고 혜택을 주는 것은 형평에 어긋나는 것이 아닌지.

10. 대표로 선택되면 물론 당도 중요하지만, 목표는 하나같이 국민을 위한 거라며, 이념 논쟁만을 하지 말고 머리를 맞대고 어떻게 하면 더 나은 삶을 영위할 수 있는지를 생각한다면, 후세에 길이 빛나는 업적이 될텐데.

주민참여정치를!

위성남(남), 48세, (사)사람과마을 운영위원장,
성미산마을 주민

　세월은 흘러가고 모든 것은 변한다. '變化'라는 낱말은 공자님이 쓰신 주역 해설서 계사전(繫辭傳)에서 처음으로 사용된다.(變化 見矣, 변과 화를 보여준다.' 繫辭上傳 右第一章)

　또한 사람들이 만든 세상사회의 구조가 하늘의 이치에 맞지 아니할 때에는 명(命)을 좇아 이를 바꾸어 내야 한다. 이를 혁명(革命)이라 한다. '革命'이라는 낱말은 공자 이전부터 존재했던 주역(周易)에 나온 낱말이다. (湯武革命 順乎天而應乎人, 은나라의 시조 탕과 주나라의 시조 무가 혁명을 해서, 하늘에 순종하고 백성에 호응했다.' 周易 澤火革卦 彖辭 중에서)

　또한 세상사는 그 명이 다하면, 변하기 마련이고, 변하면 순환하여 새로운 것으로 통하기 마련이니, 이리하면 오래간다고 했다. 이 또한 공자님 말씀이다.('易窮則變 變則通 通則久', 繫辭下傳 右第二章) 만일 통하지 않으면 오래가지 못한다. 즉 망한다는 말이다.

변화와 소통!

이는 우리 시대의 키워드이다. 세상이 바뀐다는 것을 굳이 구체적인 사례로 들어 설명할 필요는 없을 것이다. 모두가 다 잘 아는 일 아닌가. 바뀌지 않는 것은 없다. 아니, 바뀌지 않는 것도 있겠다. 그러나 그것은 사람의 일이 아니요, 근본 이치에 해당하는 철학적 원리의 측면이다. 사람의 일에 해당하는 게 바뀌지 않는 것은 거의 없다. 사회 구조가 바뀌고, 제도가 바뀌고, 생활 습관이 바뀌고, 심지어 사람들의 생각도 바뀐다. 가족구성원과 구조도 바뀌고, 오랜 전통도 바뀐다. 이 바뀌는 원리는 '窮則變' 즉 그 수명이 다했기 때문에 바뀌는 것이다.

소통이란 이렇게 변하는 세상을 재빨리 파악하고, 이해하며, 그에 적응하는 것을 뜻하기도 한다. 그러기 위해서는 다른 사람들의 생각을 받아들이고 대화해야 한다.

정치에 있어서도 바뀌고 있다. 지금까지 전통적 정치는 전문 정치인에 의한 대리주의 정치였다. 국민대중을 선거구별로 나누고, 투표를 하여 의회와 정부 대표를 선출한 다음, 이 사람들로 하여금 의회와 정부를 구성하여 나라를 운영하도록 하는 방식이다. 대단히 민주적이고 합리적인 방식이다. 그러나 이것은 과거 봉건시대에 비해서 그렇다는 것이지 절대적인 것은 아니다. 그리고 이러한 대표 선출제 방식은 근대 산업시대에 정착된 것으로 우리나라에서는 1948년 이후부터이므로 불과 50~60년에 지나지 않는다.

앞으로도 이러한 방식이 영구불변하여 천년만년 지속되지는 않는다. 아니 지금 바로 그 변화의 조짐이 조금씩 나타나고 있다. 이 '기미'(幾微, 이 낱말도 공자님이 사용하였다. 군자는 하늘의 움직임의 작은 낌새를 알아차려서 천명에 따라야 한다고 했다)를 알아차리는 자는 미래를 담보할 수 있다. 그 기미를 어디에서 알아차릴 수 있을까? 사실은 이미 노골적으로 드러나 있다. 2008년 촛불과 2011년 서울시장 선거에서 이미 국민 대중이 보여주었다. 오늘날 대중은 간접 정치를 원하지 않는다. 직접 정치에 참여하기를 원한다. 자기 운명에 영향력을 끼치는 게 정치이고, 이 정치 문제가 풀리지 않는 이상 자신의 일상생활이 피곤해질 수 밖에 없다는 점을 깨달아 버린 것이다.

단지 낡은 정치인들만이 이 변화의 흐름을 따라잡지 못하고 있다. 소셜네트워크서비스(SNS), 인터넷 등은 되돌릴 수 없는 일상생활 기제로 자리 잡았다. 주민 자치는 확대될 것이고, 마을공동체나 마을만들기 사업은 더욱 확대될 것이다. 그 속에서 주민참여 정치가 점차 발전하고 있다. 앞으로 5~6년 뒤의 모습은 지금과 많이 달라져 있을 것이다.

과거에는 정치에 관심있는 주민들이 할 수 있는 일이라곤 여러 명의 후보 중에서 자신이 지지하는 자를 선택할 수 있을 뿐이었다. 그러나 앞으로는 주민들이 직접 후보를 조직해서 내세우게 될 것이다. 이게 무슨 차이가 있느냐고? 여러 명 중에서 한 명을 선택한다는 것은 '가장 덜 나쁜 전문 정치인'을 선택한다는 것이고, 주민들이 직접 후보를 조직한다는 것은 '자신과 소통하는 지역 활동가'를 직접 내세운다는 것이다. 이는 천지 차이다.

주민참여정치는 앞으로 모든 정치의 주요한 키워드가 될 것이다. 물론 지금 당장의 문제는 아니다. 그러나 2012년이 아니면 2014년, 2016년, 2017년에 점차 확대 될 것이다.

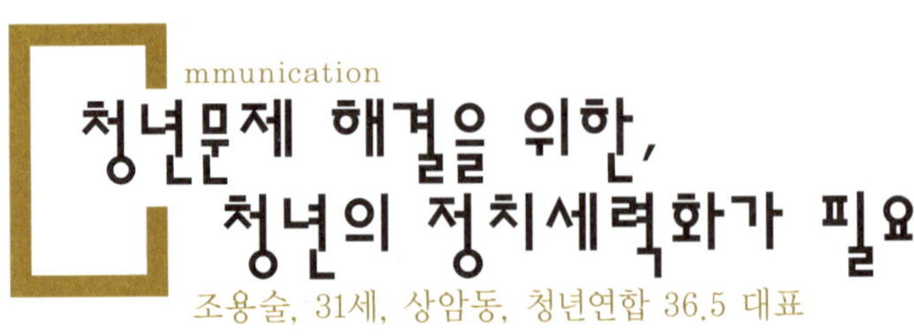

청년문제 해결을 위한, 청년의 정치세력화가 필요

조용술, 31세, 상암동, 청년연합 36.5 대표

세계 10위권의 경제대국인 대한민국.

정부는 2000년대 말에 터진 세계경제대공황 위기를 가장 모범적으로 탈출한 국가라고 자랑한다. 경제 위기를 극복하는 과정에서 단일화된 국민의 힘과 국가차원의 노력으로 6%가 넘는 경제성장률을 보였으며, 멋지게 위기를 극복해 냈다. 그리고 현재, 대규모 다양한 토목사업과 경쟁의 담론을 앞세워 성장을 주도하고 있는 중이다.

우리는 일방적이었던 고성장 뒤에 숨어 있는 그늘에 주목해야 한다. 바로 양극화 문제이다. 지금 우리 사회에서 양극화는 시한폭탄을 품고 살아가고 있다. IMF 이후 심화된 빈부격차 수준은 세계경제 대공황 이후 더욱 극심해졌다.

고용 없는 성장, 한번쯤 들어봤음직한 용어이다. 최근 한국경제는 고성장을 했다지만, 고용이 늘어나지 않고 있다. 여기서 가장 큰 피해자는 청년과 청년학생을 둔 장년의 가장들이다.

청년 일자리 문제는 청년 삶의 질에 직접적인 영향을 준다. 그리고 결혼 후에 한 가정을 이끌어가야 할 존재이지만, 빈곤의 사슬에서는 빠져 나올 수 없다. 청년학생을 둔 가장도 구조조정 과정에 노출되어 빈곤에 덫에 빠질 뿐이다. 이는 가계경제를 위태롭게 하고 청년교육문제, 청년주거문제 등에서 빈곤의 대물림을 하게 한다.

두 개의 고리에서 성장제일주의 이면에 위치한 양극화는 청년들을 철저한 소외계층으로 만들 뿐이다. 어떠한 형태로든 청년소외문제는 심각한 상황에 직면했다는 뜻이다.

20%가 넘는 청년실업률, 1000만원을 훌쩍 넘겨 버린 등록금, 월 주거 임대료 70만원, 최저임금에 한참 못 미치는 2000원대 시급, 보육문제로 결혼조차 두려운 청년결혼문제 등이 그것이다.

청년들의 희생을 담보로 대한민국의 성장 동력을 유지해 왔던 지금까지의 방식은 앞으로는 더 이상 유효하지 못하다. 누구도 청년들에게 깊은 관심을 갖지 않는다. 자신들의 대변자조차 배출할 수 없는 현실이 정치·사회 분야에 흥미를 잃게 한다.

대한민국은 앞으로도 발전 동력을 유지하기 위해서 우수한 인적 자원을 생산해야 한다. 이러한 접근법의 핵심에는 '청년문제해결'이 위치하고 있다. 그럴 경우 우리가 직면하고 있는 가장 심각한 문제인 저출산, 고령화 문제도 자연스럽게 해결될 것이다. 청년문제 해결을 통한 출산율 제고가 고령화 문제의 핵심적인 원인이기 때문이다.

신(新)주류에서 신(新)소외계층으로 전락한 청년들의 현실. 더 이상 방관해서는 안 된다. 청년정치세력화를 통해 새로운 2012년을 맞이하는데 역량을 집중해야 한다. 지금 이 순간부터 시작해 나가야만 한다.

청년운동에서 도출된 성공과 실패에 대한 평가 후 정교한 보완과정(환류)을 거친 후 2~3년마다 찾아오는 청년정치세력화 이벤트(선거)에 대비해 청년정책을 연구하고, 연합운동을 지속적으로 진행해야 한다. 그리고 청년들은 대한민국이 상생을 통해 지속가능한 발전을 이룰 수 있도록 힘을 보태야 할 것이다.

CHAPTER 2

고쳐야할 정치 5가지
함께해야 할 2가지

우리들에게 정치라는 단어는 염증이 나거나, 어떤 경우는 혐오스러운 말로 변해 버린지 오래된 것 같다.

70년대만 해도 자라나는 어린이들에게

"장래 희망이 무엇이냐"

고 물으면

"대통령이요!"

"그래 공부 열심히 해서 큰 인물이 되거라!"

이렇게 말하곤 했다.

그러나 요즘 어린이들에게

"국회의원은 무슨 일을 하죠?"

하고 물어보면

"싸움하는 사람"

이 되어버렸다.

사실, 요즘 세상은 살기가 너무 힘들다.

초등학교 때부터 경쟁에서 무조건 이기는 것이 삶의 목표가 되어버렸고, 남보다 더 앞서야, 친구들보다 공부를 더 잘해야 대접받는 사회가 되어버렸다.

사회에 진출해서도 마찬가지다. 간신히 취직한 직장에서도 한솥밥을 먹는 동료들과 치열한 경쟁에서 살아남아야, 생존자체가 유지되는 대한민국이 된 것이다.

아마 우리 국민들 한사람도 빼지 않고 이 살벌한 경쟁에 내몰려 살고 있으며, 갈등과 대립, 승자독식의 처참한 현실에 살고 있는 것이다.

그런데, 정치는 어떠한가?

국민들은 정치가 우리들을 훈훈하게 해주고 행복하게 해줄 것이라고 일말의 기대를 갖고 있다. 그 살벌한 경쟁을 조금이나마 완화해 줄 것이라고 믿고 있다. 그래서 선거 때마다 열심히 투표장을 찾는다. 그래도 이 사람이 조금 나을 것이라고 믿고, 귀중한 자신의 신념을 던진다.

그러나 그 결과는 어떠한가?

선거가 끝나면 땡이다.

평상시에 굽실거리며 악수를 청하던 그 분, 나라와 우리 서민을 위해 한 몸 바치겠다고 비장한 결의를 다지던 그 분, 그 님은 온데간데 없고 낯설고 거만한, 우리를 왠지 압도하는 듯한 새로운 사람이 빼지를 달고 우리 앞에 나타난다. 속은 것이다.

그래도 워낙 국사 일에 바쁘다 보니, 더 중요한 일을 하다 보니, 우리 서민들을 챙기지 못하는 거라고, 그 일말의 기대를 져 버리지 않는다. 그러나 이러한 속고 속이는 악순환이 계속되어지고, 그 님이 어느 날 갑자기 누구 돈을 먹었다고 신문에 대서특필되는 것을 보고서야 알게 된다. 그 님은 결국 우리를 대변하는 사람이 아니라 우리를 관리하고 통치하는 위정자였음을.

사실, 상당수의 국민들은 정치라 하면 혐오나 염증을 넘어 분노까지 치밀어 오르는 수준까지 달했다. 그래서 정치가 스트레스가 되어버렸다.

국회에서의 날치기는 이명박 정부에 들어서는 관행이 되어 버렸다. 벌써 5번째다. 힘센 놈이 최고다. 정치인들이 그렇게 불러대는 설득과 대화, 타협은 TV 앞에서나 떠들어대는 말이다. 군사작전을 방불케하는 기습전술로 의장석을 점거하고, 몸을 날리며, 주먹까지 과감하게 휘두른다. 관련법 통과에 목숨까지 거는 형국이다. 예로부터 싸움구경만큼 재미있는 일이 없다고 하지만, 국회에서의 싸움은 이제 하도 많이 봐서 신물이 난다.

이러한 광경을 보면서 국민들은 어떤 생각을 할까? 정치가 갈등과 분열을 조장한다고 밖에 생각하지 않을 것이다. 정치가 공정한 게임의 법칙, 룰을 따르지 않고 힘과 폭력을 앞세운다고 생각할 것이다. 정치가 상식을 추구하지 않고 몰상식한 행태만 보인다고 생각할 것이다. 정치뉴스가 나올 때면 채널을 돌리는 일은 어제 오늘의 일이 아니다. 정치가 무관심을 넘어, 스트레스가 되어버렸다. 하루종일 직장에서 받는 스트레스에다가, 아들 놈, 딸년 대학에 보내려고 아둥바둥대는 스트레스에다가, 고귀한 정치인들이 벌이는 행각이 짜증이 되어버렸다.

아, 짜증스러운 대한민국! 아! 스트레스 정치! 이것을 어떻게 풀긴 풀어야하겠는데, 마땅한 해법이 안보이네.

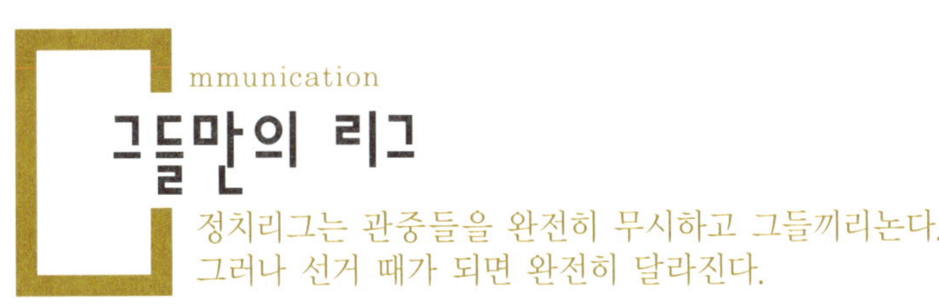

정치리그는 관중들을 완전히 무시하고 그들끼리논다.
그러나 선거 때가 되면 완전히 달라진다.

한국정치의 현재 문제점을 한마디로 진단한다면 소통의 부재다. 고상한 용어로 소통이지, 결국 따로 논다라는 뜻이다. 사실 정치는 그들만의 리그가 되어버렸다. 정치가 우리의 삶과 너무 밀접하다는 것을 국민들 대다수는 알고 있다. 그러나 정치인들하면 뭔가 우리들하고는 다른 것 같고, 멀게만 느껴진다. 한마디로 정치는 우리와 함께하지 못하고 정치인들끼리만 하는 그 무엇같다. 따라서 정치행위는 그들이 하는 것이고, 우리는 단순히 방관자일뿐이다. 국회에서의 의정연설도, 여야의 멋있고 예쁘게 생긴 대변인들의 논평도, 특히 청와대의 브리핑도 뭔가 그들끼리만 놀고 있는 정치프로리그라 할까?

그래도 프로야구나 프로축구는 관중들이 환호하고, 소리

치고, 웃고, 떠드는, 그런 재미가 있다. 선수들이 열심히 뛰고 달리는 이유는 관중들과 함께 하고, 관중들로부터 인정받기 때문이다. 팬이 없는 프로야구 경기는 그 흥미가 반감된다. 또 관중들이 구장을 찾아주지 않으면 그 리그도 유지되기 어렵다.

그러나 정치리그는 매우 다르다. 국민들이 선거 때마다 선수들을 교체하기도 하고, 다시 뽑아주기도 하는데, 뽑아놓은 선수들은 리그가 진행되면 될수록, 관중들을 완전히 무시하고 그들끼리 논다. 물론 선거 때가 다가오면 관중들을 분에 넘치게 의식해서 탈이다.

≫≫ 불통의 상징 정당

우리나라 정치는 정당정치를 표방하고 있다. 정당이라는 틀로 선거를 하고 권력을 잡는다. 또 상당수의 당원들을 거느리고 있다. 그러나 당원들이 정당의 정책에 관여하고, 지도부의 무능에 비판하고, 지도부의 실정을 문제삼을 수 있는 일상적인 통로는 제한적이다.

한나라당이나 민주당, 당원수는 전국적으로 100만을 호가한다고 한다. 그러나, 실제 양당의 정책의사결정과정에 참여하는 당원은 전체의 몇 %나 될까. 각 지역의 당원협의회는 사실상 지역위원장의 선거용 조직이다. 각 지역의 대의원들은 당원을 대표하는 것이 아니라, 지역위원장이 임명한 사람들이다. 세상에 대의원을 장이 임명하는 조직은 우리나라 정당밖에 없을 지 모른다.

이럼에 따라 대의원의 견제 기능과 의사 결정구조는 매우 단순하다. 위원장의 오더가 중요하다. 위원장이 이번 당 대표 선거에 누구를 지지하는지, 대권후보경선에 어떤 후보에게 줄을 섰는지가 대의원들의 판단 근거로 주요하게 작용한다.

또 지방선거의 공천권을 사실상 쥐고 흔드는 지역위원장, 자신이 임명한 상무위원과 대의원들에게 알게 모르게 오더를 내린다. 자신의 말을 잘 따르고 충성서약을 한 구의원, 시의원을 공천해 주기 위함이다. 그래야 2년 뒤에 벌어지는 자신의 선거인 총선에서, 자신의 심복으로 자리매김한 구의원, 시의원들이 앞장서서 뛰어 줄 것이기 때문이다. 노무현 참여정부시절, 물먹는 하마로 지목되었던 지구당, 그 악폐로 인해 지구당 제도는 폐지되었다. 그래서 대신 들어선 지역 당원협의회, 그러나 명칭만 바뀌었을 뿐이지, 위원장 친위부대 역할은 전혀 사라지지 않았다.

지난번 지방선거 때이다. 모지역의 시의원 공천을 결정할 때, 지역 대의원들이 선출하는 방식을 택했다. A후보는 과거에 씻을 수 없는 정치적 오점을 갖고 있었다. 그러나 이 A후보는 지역위원장과 밀착관계를 유지했던 인물이었다. 하지만 B후보는 지역위원장과 원만한(?) 관계를 만드는데 실패했었다. 결국 대의원 찬반투표에서 지역위원장으로부터 강하게 지원을 받는 A후보가 공천을 따냈다. B후보는 그 대회장에서 분루를 삼키며, 항의했다. 대의원 명단을 보니 지역위원장의 부인과 처제까지 등재되어 있더라고! 이렇게 되니, 사실상 정당에 일반시민들이 편하게 참여할 수 있는 공간은 매우 제한적일 수 밖에 없다. 위원장 반대세력은 지역위원회 주요회의에 참석해도 눈총을 받기 십상이다.

올초부터이다. 대분분의 지역위원회, 돈내는 당원, 진성당원을 모집하기 위해 각 동책임자들이 입당원서를 들고 동네를 뛰어다녔다. 내년 국회의원 공천시 진성당원들이 투표권을 행사한다는 규정이 통과될 확률이 높다는 이야기 때문에, 어느 후보가 진성당원을 많이 모집하느냐가 승패를 좌우하기 때문이다. 그러나 상당수의 주민들, X당이 뭐 예쁘다고 입당원서를 쓰겠는가. 더욱이 한달에 2,000원씩 빠져나가는 진성당원까지, 그러나 동네 워낙 잘아는 사람이 사정조로 부탁하니, 억지로 입당을 하게 된다. 내년 선거 때까지만 진성당원하고, 그뒤에는 탈당해도 된다는 다짐을 받고, 어떤 경우에는 식사자리에 초대되어서 입당원서 권유를 받기도 한다. 밥도 얻어먹었는데 입당원서 안 써주기도 뭐하고, 울며 겨자 먹기로 입당은 하지만, 또 어떤 사람은 한나라당과 민주당 모두 당원이기도 하다. 동네 친한 사람이 와서 부탁하니 안해 줄 수가 없어서 양당에 동시에 가입해버린 것이다.

현재의 정당구조에서는 상향식 의견수렴은 불가능에 가깝다. 중앙당 방침이나 위원장 전달사항 정도만 잘 수행해도 모범 지역위원회다. 소통이라는 단어는 애초부터 힘든 시스템이다. 더욱이 지역 주민들의 의사와 의견을 수렴한다는 것은, 위원장이 선거운동삼아 열심히 뛰어다닌다면 모를까. 서민들과 정당과의 소통, 먼 나라 이야기이다.

중앙당도 별반 차이가 없을 것이다. 시민들이 참여할 수 있는 공간, 시민들의 의견을 직접 들을 수 있는 시스템을 갖춘 정당은 없다. 선거를 위한 조직, 당의 일방적인 주장과 정책을 전달하는 기능만 잘 갖추어져 있을 뿐이다.

≫≫ 폐쇄된 정치인 유입경로

얼마전 한나라당 홍준표 대표가 율사출신들 국회의원들이 너무 많다고 한 적이 있다. 당의 쇄신이야기가 나오면서 꺼낸 말이다. 지금까지 국회의원 유입경로를 보면, 변호사, 판사, 검사, CEO, 장, 차관, 대기업 이사, 언론인, 보좌관, 그리고 학생운동 출신들이 태반이다. 또 먼저 금빼지를 단 사람들이 자신의 친구와 동료들을 설득하여, 총선에 나오도록 권유한다. 또

중앙당 실력자들을 알게되면 공천받기도 수월하다. 그래서 정치인 유입경로는 대개 정해져 있으며, 그 통로를 통해 재생산이 이루어지고 있다. 그리고 정당구조나 인맥, 그리고 내부 메카니즘을 알기는 쉽지 않다. 정치부 기자들이나 잘 알 수 있을까 정치에 뜻을 두고 있는 일반인들이 접근하기에는 너무 어려운 정치공학이 도사리고 있다.

하여튼 높은 사람을 잘 알아야 정치권에 접근하기 쉽다는 것이다. 대기업, 혹은 공직사회는 공채라는 제도를 통해 우수한 인재들을 모집한다. 그러나 정치신인을 받아줄 공개된 제도는 없다. 또 정치를 알게 되고 훈련할 수 있는 정당도 폐쇄적이다.

이렇다보니, 선거 때마다 물갈이라고 외쳐보지만 그 범주 안에서 사람만 바뀌는 것이지, 진정 혁신적이고 시대의 흐름을 이끌 수 있는 물갈이는 찾아보기 어려운 것이다. 더욱이 선출직으로 나아가려면 공천이라는 가장 어려운 관문을 통과해야 하는데, 공천을 받으려면 돈과 인맥, 그리고 지역에서의 자기 기반이 확실해야 받는다. 물론, 사회에서 자기 아이콘을 갖고 유명세를 타고 있다면 영입 우선순위에 든다. 그러나 그러한 인물이 얼마나 되겠는가.

정보통신의 급격한 발전으로 인해, 시대의 담론이 바뀌고 있고, 새로운 흐름이 거대하게 몰려오고 있다. 그러나 정치인의 수혈구조는 제한적이어서 그 다양성을 수용하지 못하고 있

다. 그것은 결국 기득권 지키기로 나타나며, 정치의 전 근대성
으로 귀결된다. 새로운 흐름을 만들어 내고, 또 그 앞에서 흐
름의 방향을 조정해야 할 정치가 뒤쫓아가기 바쁜 것이다. 아
니 어떤 때는 역주행까지 감행해서 국민들의 호된 질책을 받
는다.

다양한 정치인 유입경로로서 비록 하향식이지만 비례대표
제도를 활용하는 방안도 검토될 수 있다. 그러나 기존의 비례
대표는 전문가집단에게 돌아가는 몫은 미미했고, 지도부의 나
눠먹기식이라고 해도 과언이 아닐 것이다. 물론 특별당비라고
해서 거액의 돈을 희사함은 물론이다.

정치인 유입경로의 다양화, 그것이 바로 진정한 물갈이의
시작이라고 봐야 할 것이다.

≫≫ 기득권이 보장되는 공천방식

선거 때가 되면 공천문제가 가장 심각하다. 후보자들은 거
의 생사를 가리지 않고 공천전쟁에 뛰어든다. 공천에 대한 폐
해는 정치개혁에서 가장 주요한 과제로 꼽힌다. 과거 한국정당
사에서 공천은 갖가지 형태로 나타났다. 70년대만 해도 공천
은 돈이 우선이었다. 공천권자에게 거액의 돈을 갖다 주어야
했다. 어떤 경우에는 공천헌금이 상대방 보다 적어서 공천을

못받는 경우가 있었다. 특히 비례대표는 공천장사의 전형적인 유형이었다. 비례대표 하나 얻는데 몇십억까지 주어야 한다는 이야기는 정설이었다. 정치권의 이러한 악폐는 최근 들어 많이 줄어들었지만, 아직도 공천과 돈은 뗄래야 뗄 수 없는 함수 관계로 작용하고 있다.

공천에서 돈의 위력만큼 크게 작용하는 것은 계보이다. 계보는 별다른 공식이 작용하지 않는다. 단순하다. A계보에 들어간 사람은 계보의 수장에게 충성을 다한다. 그리고 수장은 계보원들을 철저히 보호해준다는 공식이다. 충성서약은 필수이다.

계보는 학맥과 인맥, 그리고 지연을 통해 형성된다. 계보에 정치인들이 들어가는 이유는 공천 때문이다. 또 수장은 자신의 계보 정치인들을 기반으로 정당의 지도부에 올라가게 되고, 정치적 영향력을 행사한다. 얼마나 많은 국회의원들을 자신의 계보에 두느냐가 정치적 영향력의 가늠자가 된다. 현재도 A계니, B계니, C사람이다 등이 당내 파벌싸움과 헤게모니 쟁탈에 유력한 구도로 작용한다. 물론, 정치권 내에서 지향하는 정책과 이념에 따라 그룹별로 모이는 것은 당연하고, 발전적일 수 있다. 또 그러한 움직임이 있는 것도 사실이다. 그러나 정치적 지향성보다 인연에 따른 계보형태의 모임이 주종을 이루고 있음은 부인할 수 없을 것이다.

이러한 계보에 따른 하향식 공천방식을 지양하기 위해 도입되고 있는 제도가 당원전체, 혹은 국민참여경선을 통한 상향식 공천방식이다. 그러나 국회의원 선거 시 예비후보자가 많은 경우, 많은 수의 예비후보자들을 모두 참여경선에 올리기에는 너무 진흙탕싸움이 된다. 그래서 2~3명으로 압축시키는 예비컷 제도를 채용하고 있다. 그 예비컷은 말 그대로 힘쎈 줄을 잡고 있어야 한다. 그래야 경선에라도 참여할 수 있다.

흔히 여론조사 방식을 컷오프에 사용하기도 하지만, 여론조사의 정확도가 갈수록 신뢰를 잃고 있기 때문에, 참고사항 정도, 2~3명으로 압축하는 예비컷을 결정하는 공천심사위원회가 사실상의 결정권을 갖고 있다, 공천심사위원회 위원은 각 계보별로 적당히 나누어서 구성된다. 따라서 각 계보에서 강력하게 미는 예비후보가 경선에 참여할 가능성이 높은 것이다. 따라서 아직도 예비후보들은 힘쎈 수장들에게 줄을 서기 위해 선거 때마다 동분서주한다.

컷오프를 운좋게 통과해도 경선이라는 큰 산이 남아있다. 경선은 결국 조직의 힘이다. 물론 밑바닥 여론이 중요하지만, 당일 얼마나 경선장에 당원들을, 투표자들을 데리고 가느냐가 관건이다. 그 후보자가 특별한 아이콘이 없고, 예비후보자들 면모가 비슷하면, 조직의 힘에 의해 경선결과가 나올 수밖에 없다. 그러나 조직, 자발적 참여로 모여진 조직이 아니면, 결국 자금이 투입되어야 한다. 어느 정도 돈이 투입되어야 조직이 가동된다는 것은 세상의 상식적인 이치 아니겠는가. 여론조사

방식도 마찬가지이다. 2009년 지방선거 때도 마찬가지였다. 여
론조사 방식으로 공천을 결정한 곳은 여지없이 후보자들은 돈
과 조직을 가동해 전화기 앞에 조직원을 대기 시켜놓았다.

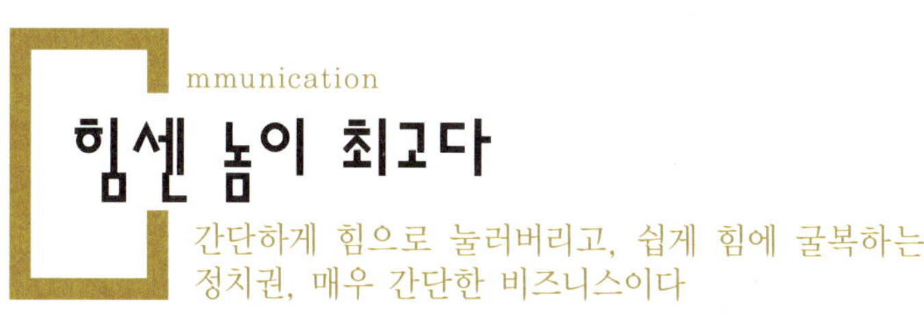

힘센 놈이 최고다

간단하게 힘으로 눌러버리고, 쉽게 힘에 굴복하는
정치권, 매우 간단한 비즈니스이다

이번 제18대 국회의 날치기 통과는 무려 5번이나 되었다. 한나라당의 군사작전을 방불케하는 기습처리로 야당과의 몸싸움은 별로 없었지만, 최류탄까지 나타나는 촌극이 벌어졌다. 50년대 김두한씨의 오물세례를 기억나게 하는 사건이었다. 국내관계법의 날치기는 여러번 목도했지만, 외국과의 비준조약까지 힘으로 밀어붙이는 광경을 보면서, 국민들은 국회의 기능 그 자체를 인정하지 않았을 것 같다. 지난번 방송법 강행처리 때, 야당은 18대 국회는 끝났다고 하면서 거리로 나갔었다. 몇몇 국회의원들은 한나라당의 날치기를 막아 내지 못했다고, 국회의원직을 사퇴하기도 했다. 이번에도 민주당은 힘 한번 써 보지 못하고 날치기 처리되는 과정을 지켜보아야만 했다. 또

거리투쟁한다고 촛불집회에 합류했다. 그러나 예산안을 심의해야한다고 은근슬쩍 국회에 등원했다. 민주당은 의석수가 적어서 그런 것이라고 자신들의 무력함을 국민에게 호소할 뿐이다.

이러한 여당의 쳇바퀴 도는 듯한 날치기, 반발, 거리투쟁, 등원, 또 날치기 광경을 보면서 무슨 생각을 할까. 물론 힘으로 밀어붙이는 여당에 대한 반감이 크겠지만, 야당의 진정성이 결여된 투쟁 방식에도 실망했을 것이다. 그리고 사회는 힘센놈이 최고라는 전근대적 가치관이 뿌리내리게 된다. 정치력과 국민들에 대한 호소와 설득, 여론을 통한 압박과 협상 등 여러 가지 합의가능한 수단들이 많은데도 불구하고, 또 시간과 노력만 가해지면 협상도 될 수 있을 것을, 간단하게 힘으로 눌러버리고, 쉽게 힘에 굴복하는 정치권, 정치는 역시 힘센놈만이 할 수 있는 매우 간단한 비즈니스이다.

≫ 아직도 끝나지 않은 이념공박

"좌파정권을 끝장내야합니다." " 종북주의 논쟁" 등 정치권에서 흔히 듣는 소리이다. 한국사회는 해방 후 극심한 좌우 논쟁에 시달렸다. 그것은 권력투쟁과 맞물려 사활을 건 싸움 양상마저 보였다. 이승만 정권, 박정희 군사정권 시절, 사회주의 사상을 가진 인물들은 가차없이 재판대에 올랐으며, 심지어 사형까지 당했다. 북한과의 대치상황에서 메카시즘의 광풍은 좌익사상을 원죄로 몰아갔다. 전두환 정권때도 매일반이었다. 국가보안법이라는 미명하에, 사상의 자유는 허용되지 않았으며 수많은 민주인사와 학생들이 투옥, 고문당했으며 법정에서 중형을 선고받았다.

특히 북한에 대한 호감, 김일성 주체사상에 대한 선호는 금기시되었다. 맑스. 레닌주의는 19세기 서양의 근대철학에서 나온 혁명이론이다. 이 이론은 일제 강점기시절, 민족해방투쟁을 하던 우리 젊은 지식인들에 의해 차용되었으며, 80년대 반독재 투쟁을 하던 사회운동가들에 의해 한국사회 분석틀, 그리고 혁명 모델로 인정되었다. 그러나 이러한 고전 이론은 변화하는 현대세계를 적절히 분석해 내지 못했다. 그래서 학생운동권 중심으로 주체사상이 등장한다. 김일성 주체사상으로 한반도의 모순을 해석하려 한 것이다. 그러나 이 또한 그 철학적 논의를 떠나 김일성 세습체제의 지배 이론으로, 북한의 봉건적 사회주의 체제 유지의 수단으로 작용되었을 뿐, 자본주의 한국사회를 해석한다는 것은 애초부터 그릇된 발상이었다. 더욱더 중요한 것은 서양의 고전철학과 혁명 이론, 북한의 체제유지를 위한 철학이 우리 한국 서민들의 고통과 삶을 해결하는 방향과 비젼을 제시해 주지 못한다는 것이다.

우파의 득세와 정권 유지는 좌파의 섣부른 태동을 조금도

허용하지 않았다. 특히 6.25전쟁이라는 참혹성과 결합된 이데
올로기 공세와 흑백논리는 진보의 흐름을 씨앗부터 차단시켜
려 했다. 분단이라는 남북 대치상황에서 통일에 대한 국민들
의 순수한 열망도 무참히 짓밟아 버렸다.

그러나 역사적인 정권교체를 통해 탄생한 국민의 정부시절
이 되자, 남북화해의 물꼬가 터졌고, 보수 언론의 숱한 퍼주기
공세에도 불구하고 남북은 평화적으로 하나가 되야 한다는 공
감대가 급격하게 퍼져나갔다. 또한 진보정권을 표방한 노무현
참여정부가 들어서면서, 사상의 자유와 언론의 다양성이 허
용되었으며, 북한 정권에 대한 사회과학적 접근도 진전되었다.
따라서 해방 이후 우리 사회를 괴롭혀 왔던 좌우익논쟁과 외
부로 도입된 혁명이론은 더 이상 우리 사회에 맞지 않음이 증
명되기 시작했다. 한국사회 자체 모순으로부터 도출된 분석,
그러한 문제의식으로부터 귀결된 비젼과, 미래 사회에 대한 대
안을 찾기 위한 노력이 좀더 광범위한 설득력을 갖게 되었다.
우리 사회와 맞지 않는 지극히 관념적이고 소모적인 좌우익
논쟁과 정치공세는 그 사회성을 상실하게 되었다.

그러나 이명박 정부들어 아직도 잔존하고 있고, 스스로를
보수라고 치장하고 있는 수구세력은 철지난 메카시즘과 북한
과의 적대성을 교묘하게 이용하여, 진보적 그룹과 민주주주의
를 표방하는 세력을 좌파, 북한과 연계시켜 매도하고 국민들
을 현혹시키고 있다. 하지만 이러한 선동은 이미 통하지 않음

이 결과적으로 증명되고 되고 있다. 지난번 분당을 보궐선거에서 한나라당 후보로 나온 사람이 좌파 운운하며, 분당의 중산층에게 호소를 했지만, 결과는 참패로 끝났다. 민노당과 진보신당의 종북주의 논쟁도 국민의 생활과 유리된 논쟁임이 증명되었다. 더욱이 최근 안철수 돌풍으로 나타난 민심의 변화, 그리고 국민들이 자신들의 삶과 유리된 정치는 더 이상 인정치 않겠다는 경고는 우리 정치의 일대변화를 요구하고 있다. 특히 정치도구화했던 좌우익논쟁은 국민들에게 더 이상 통용될 수 없음을 보여주고 있다.

≫ 검증이라고 불리우는 네거티브 공세

선거에서 상대적으로 뒤떨어지는 후보가 취하는 선거전술 중 하나가, 우위에 있는 후보를 공격하는 일이다. 1등을 달리고 있는 후보의 약점을 캐고, 후보의 과거 비리를 들추어 내어, 표심을 흐뜨러지게 하는 일이다. 선거가 치열해지면 선거캠프에서는 네거티브팀이 구성된다, 이들이 하는 일은 상대후보가 했던 발언론, 언론에 공개되었던 말 등을 취합하여, 그 모순점과 말바꿈 등을 찾아낸다. 어떤 경우엔 상대후보의 비리를 캐기 위해 외국에 나가는 일조차 있다.

후보의 재산관계, 치정문제, 병역, 세금, 학력 등은 말할 것도 없고 가족의 비리도 들추어낸다. 이러한 도덕성에 대한 공격은 중도층에 머물러 있던 유권자들을 이탈시키는 효과라며 다시 생각하게 하는 계기를 만들어 줄 것이라고 기대하기 때문이다.

검증이라고 불리우는 네거티브 공격은 선거에서 가장 중요시하게 취급되어야 할 정책과 공약, 그리고 비젼제시에 따른 비교와 공방을 뒷전으로 밀어놓는다. 국민들에게 서로 헐뜯고 싸우는 모습을 비추게 해 오로지 탄탄한 지지자층만 남게 되는 결과를 만든다. 결국 일반 유권자들을 정치에 무관심하게 만들고, 정치의 식상감만 더해주는 꼴이 된다.

이러한 수법도 점점 한계에 다다르고 있다. 얼마전 서울시장 보궐선거에서 여실히 드러났는데, 박원순후보의 과거를 집요하게 물고 늘어졌던 나경원후보가 참패한 것이다.

나경원후보는 박원순후보의 서투른 대응과 어눌한 답변 때문에, 초반에는 재미를 보았는지 몰라도, 시대의 흐름을 강조하고 이명박 정부 심판론을 들고 나온 박원순후보에게 서울시장 자리를 내놓았다. 지난번 대선에서도 마찬가지였다. 정동영후보가 그렇게 이명박후보의 BBK사건을 선거의 쟁점으로 삼았음에도, 경제문제를 들고 나온 이명박후보를 대통령으로 선출됐다. 유권자들은 상대방의 약점을 파고들어 자신의 입지를 세우려는 처세를 용납하지 않는다. 각 후보의 진실성, 인물됨, 특히 대안과 비젼제시를 가장 중요하게 바라보고 있다.

≫≫ 진흙탕 싸움 대변인 논쟁

각당의 대변인 자리를 꿰차기는 쉽지 않다. 외모는 물론, 지도부와의 교감, 대중적 인지도 등이 합격점에 들어야 당의 얼굴인 대변인으로 낙점받는다. 누구나 대변인이 되고 싶어한다. 왜냐하면 자연스럽게 언론에 노출되는 빈도가 늘어나게 되기 때문이다. 또 이렇게 대변인으로 TV에 자주 나가게 되면, 차기 선거에서 유리한 고지에 올라서게 된다. 그래서 대변인이 되고자, 지도부에게 로비를 하게 되고 치열한 경쟁속에서 대변인 타이틀을 받게 된다. 역시 당지도부도 대변인 선정에 심혈을 기울인다. 그러나 출중한 인물이었던 대변인이 그 자리에 서게 되면, 점잖은 모습은 이내 사라지게 된다. 물론 당의 공식적 입장에 대한 브리핑, 언론인들을 상대로 한 설득과 해명이 주업무이기는 하지만, 또 다르게 부여받은 주요 책무는 상대당을 비난하고, 문제점을 들추어내어서 여론화 시키는 일이다.

상대당 주요 인물의 비리를 파헤쳐서 한방에 날려버리면, 명 대변인소리도 듣는다. 물론 당내에서만 칭송을 듣기도 한다, 더욱이 선거때가 되면 대변인 역할은 배가된다, 선대위산하에 부대변인들을 대거 선정한다, 이들이 하는 일은, 상대후보의 흠집내기와 비난성명, 대응 발표문 등이다. 공격수, 나팔수 군대라고 할 수 있다. 총대를 멘다는 표현이 더 적절한지

모르겠다. 그래서 선거가 끝나면 부대변인들이 대거 명예훼손
죄, 허위사실 유포죄 등으로 고발된다. 근거없이 공격했기 때
문이다. 그래서 요즘 국회의원들도 대변인을 맡으라고 하면 심
사숙고한다고 한다.

대변인 논쟁은 우리 정치의 현주소를 적나라하게 보여주
는 단면이다. 물론, 상대당의 반국민적이고 반역사적인 정책과
문제점은 여지없이 파헤쳐 드러내야 한다. 그러나 자신들의 정
책과 대안제시는 멀리한 채, 상대측 약점만 들추어 내는 일이
주업무가 된다면, 반사이익에만 안주하여 표를 얻으려는 얄팍
한 술책이 아니고 무었이겠는가.

정치는 언론을 통해 비추어지고, 국민들은 그것을 근거로
판단한다. 그래서 정치인들은 언론인들에게 정확하고 정직하
게 자신들의 입장을 설명하고, 국민들에게 사실에 근거해 보
도해주기를 요구한다.

일부 악의적인 언론은 왜곡보도를 해서 국민의 판단을 흐
뜨려놓는 것도 사실이지만, 정당인들이 언론을 대할 때는 국
민을 대하듯이 정직하고, 겸손하게 대해야 하는 것이다. 마찬
가지로 언론인 역시 막중한 책임감을 가져야함은 두말할 나위
가 없다. 대변인의 역할은 언론을 통해 소속정당의 정치활동
내용을 소상하게 알려주는 일이다. 국민들에게 설득할 일이
있거나, 해명할 일이 있으면 합리적이고 근거있게 말하면 된
다. 만약 상대당의 문제점이 있다면 이 또한 마찬가지이다. 정

확한 근거를 갖고 비판하면, 판단은 국민의 몫인 것이다. 그러
나 대변인 논평, 고품격이라고 보기는 어렵다. 음해와 비방, 그
리고 독설이 난무하는 진흙탕 싸움이 그 현실이다.

카멜레온 정치

정치권의 변신 수법, 이제 한계에 이르렀다.

≫ 당명바꾸기

민정당에서 민자당으로 또 신한국당에서 한나라당으로, 새정치국민회의에서 새천년민주당으로 또, 분당을 통해 열린 우리당으로 합쳐서 도로 민주당으로, 당원들이 새로 모집되거나, 완전히 해산하는 것도 아닌데, 그 당원이 그 당원이고, 그 정치인들이 그 정치인들인데 당면은 자주 바뀐다. 당이 국민들로부터 외면당하거나 선거시기가 되면 당명이 새로 등장한다. 명분은 당을 새롭게 하고 국민들 앞에 혁신적으로 서기 위함이란다. 국민들은 그 밥에 그 나물이라는 것을 예상은 하지만, 조금 기대도 한다. 정말 새로운 모습으로 다시 태어날 것이라고, 그러나 조금 지나면 또 마찬가지이다. 몇 년이 지나서

당이 위기에 처해지면 당명 바꾼다는 이야기가 또 나오기 때문이다. 당명까지 바꿔가면서 모든 기득권을 내려놓고 일신하겠다는 의지, 그 혁신 의지는 사실 가상하다. 쉽게 할 수 있는 일이 아니다. 자신들의 과거를 완전히 부정하는 것이기 때문이다. 그러나 이미지만, 겉으로만 부정하는 것이지, 사실은 국민들을 현혹시키는 것이라고 아니할 수 없다. 그래서 요즘 당명 바꾼다는 이야기가 나오면 국민들은 시큰둥한 반응을 보인다, 너무나 많이 보았기 때문일 것이다.

내용과 본질은 변하지 않는 이미지 정치라는 그 한계, 과거에 대한 부정이라면 완전히 새 술을 새 부대에 담듯이 진정 새롭게 태어나야 할텐데, 과거에 그릇된 행태를 보인 정치인들은 뒷전으로 물러나고, 새로운 시대의 흐름을 안고 있는 사람들이 그 당을 이끌어나가야 할텐데. 과거의 그 사람들이 당명 바뀐 그 자리에 버젓이 서있기 때문이다. 하여튼 이러한 변신 수법도 한계에 다다른 것 같다. 최근 총선과 대선을 앞두고 양 거대 정당이 통합과 혁신은 외치지만, 아직 당명만 바꾼다는 이야기는 안 나오기 때문이다.

≫≫ 외부인물 수혈

젊은피 수혈, 전문가 그룹 영입 등도 정당의 이미지 정치의 주요한 하나의 축이다. 시민단체 운동가, 변호사 전직 판사, 전직 장·차관, 유명 연예인 등도 선거때만 영입대상 1호이다. 요즈음은 IT전문가들도 상한가이다.

실제 선거시즌이 닥쳐오면 각 당은 영입 인재위원회를 구성하여 입당만 해달라, 공천은 보장하겠다. 은근히 자금지원까지 내비친다. 그래서 총선 전에 영입된 인사들이 부지기수이며, 이들 중 잘된 사람들은 빼지를 달기도 한다. 과거의 구태의연한 정당 이미지에서 참신한 인물들을 영입하여, 대거 전면에 내세우면 당의 이미지가 새로워지기 때문이다. 어떤 경우에는 당 대표도 갈아치운 적이 있다. 정치권과 상대적으로 거리를 두었던, 사회적으로 존경을 받았던 사람을 당 대표로 앉히는 경우도 있다. 그러나 실권은 다른 사람들이 갖고 있다. 정당에서 가장 중요한 자금과 조직을 거머쥐고 있으면, 누구를 데려다 놓아도 바지사장 역할을 하기 때문이다.

하여튼 한국에서 정치로 출세하고 싶으면, 정치권에서 크는 것보다, 다른 분야에서 두각을 나타내어 유명세를 타는 것이 수월하다는 이야기가 있다. 정치권에서 더운밥 찬밥 먹어가며 성장한 인물보다 외부에서의 참신한 사람이 더 득표력이 있다는 분석이다.

사회에서 나름대로 성공한, 언론에 알려진 인물이 선호되는 이유는 무엇일까. 그것은 물론 정치권의 일차적인 책임이 있다. 그만큼 현 정치권에 있는 인물들이 정치권력싸움에만 안주하고, 야심과 부정의 늪 속에만 빠져 있다는 국민 인식 때문일 것이다. 더 커다란 것은 기득권 사수에만 집착한 나머지 국민들의 삶과 새로운 흐름에는 어둡기 때문이다. 이번 총선에서도 어김없이 물갈이 이야기가 나온다. 50% 물갈이론이 나올 정도로 현역 정치인들은 겁을 먹고 있다. 그러나 이렇게 하면 무엇하겠는가. 새롭게 진출한 인물들도 몇 번 하다보면, 또 그러한 구태의연한 정치인들이 될텐데. 그것은 정치철학의 문제, 진정성과 가치관을 얼마나 유지시켜나갈 수 있느냐일 것이다.

　주변과 유권자들의 독려와 견제체제도 더 중요하다. 정치가 출세의 수단이 아니라 자신의 뜻을 펼치고, 국민을 대신해서 그들의 의견과 요구를 관철시켜 나간다는 명제로 정립되어야 국민들이 편안하고, 정치로 짜증나는 일이 없을텐데 걱정이다.

≫≫ 지도부 교체

　지도부 교체도 매일반이다. 또 다른 하나의 수법일 뿐이다. 한국 정당처럼 지도부가 몇 개월만에, 남은 임기도 채우지 못하고 낙마하는 곳도 드물다. 전당대회에서 당원들이 2년 임기를 보장하고 선출한 지도부이지만 보궐선거에서 패하거나

국회운영이 잘못되면 파리목숨처럼 날아간다. 언론도 부추기
는데 한 몫하지만, 반대파의 극성이 더 심하다. 무슨 일이 생
기면 당내의 반대그룹은 지도부 사퇴부터 들고 나온다. 지도
부의 무력, 무능이 상황을 자초했다는 논리이다. 더 이상 당
을 끌고 나가기 힘들다고 맹공격을 퍼붓는다. 그리고 아무 일
도 없던 것처럼 다른 인물이 지도부에 입성한다. 조금 있다가
또 다시 문제가 되면 다른 인물들이, 국민이 바꾸라고 아우성
친 것도 아닌데, 당원들이 극심하게 항의한 것도 아닌데, 사실
은 자체 내부의 권력투쟁의 소산이다. 지도부가 바뀐 것에 대
해 정당이미지가 달라졌다고 기대해 보려고 한다. 그러나 이들
역시 바람 앞에 흔들리는 촛불일 뿐이다.

그래도 돈이야

유권자들과 자유롭게 만나고, 의사와 요구를 수렴
할 수 있는 새로운 시스템 개발이 절실하다

돈없는 사람들이 정치를 한다고, 헉, 그것은 꿈도 꾸지 못
할 일이다 정치에 입문하고자하면 우선 재산이 넉넉해야 한
다. 아무리 정치자금법으로 투명해졌다고 하지만, 돈이 기본인
것은 주지의 사실이다. 후보자들에게 첫째 관문은 지역경선이
다. 당원, 혹은 지역주민들이 참여하는 경선 형태로 바뀌고 있
기 때문에, 어느 후보가 얼마나 많은 지지자들을 모아내느냐
가 승패의 갈림길이 된다.

그렇다면 평소 지역에 얼마나 얼굴을 알리고, 자신의 조직
을 추스리냐가 관건이 된다. 일상적으로 지역 유권자들을 만
날 수 있는 기회는 사실 제한되어 있다. 지역의 공식행사와 결
혼식, 장례식장, 인연을 통한 소개 등을 꼽을 수 있다.

재미있는 일화가 있다. A지역의 정치인, 자신을 알리기 위해 결혼식장을 열심히 쫓아다녔다. 그러나 축의금은 정치자금법 때문에 혹시라도 문제가 될까봐 한푼도 내지 않았다. 결혼식장에서 혼주에게 인사하고 바로 피로연장으로 달려가서 지역 유권자들과 일일이 악수하고, 인사를 나누었다. 피로연장에 온 김에 밥도 맛있게 먹었다. 하지만 뒷소리가 나오기 시작했다. 그 정치인은 남의 결혼식에 와서 축의금도 안내고 피로연장에서 자기 선거운동만 하며 돌아다닌다고, 한국의 전통관례상 초대받은 사람이 축의금, 부의금을 내지 않으면, 상식밖의 일이라고 치부하기 때문이다.

지역 단체들의 불우이웃돕기, 일일찻집 등의 행사가 많다. 당연히 그때는 지역사람들이 많이 오기 때문에, 후보자들이 몰려든다, 그러나 일일찻집, 혹은 불우이웃돕기 티켓 한 장 안사고 그곳에 가기는 낯뜨거운 일이다.

더욱이 조직을 구성하기 위해서는, 필연적으로 따라붙는 것이 돈이다. 내 선거 도와달라고 하면서 식사를 하는데, 상대방에게 식사 값을 내라고 하면 어떻겠는가. 또 조직을 운영하려면 기본적인 돈이 드는 것이 사실이다. 그 기본이라는 액수가 얼마냐가 중요하지만 간단치 않은 액수임은 분명하다.

정치문화의 일대 혁신이 필요한 것은 어제 오늘의 이야기가 아닐 것이다. 자본주의 사회에서 움직이면 돈이라는 공식이 있지만, 정치인들이 유권자들과 자유롭게 만나고 그들의

의사와 요구를 수렴할 수 있는 새로운 문화와 시스템 개발, 그
리고 정치인들과 항상 소통할 수 있는 구조적 변화가 절실할
것이다.

미래를 향한 정치

위에서 언급한 한국정치의 실상은 조그만 들여다 보아도 우리가 알 수 있는 것들이다. 아직도 도덕적으로 깨끗해야 하고, 미래 지향적이어야 할 정치가 안타깝게도 구태의 늪에서 벗어나지 못하고 있다. 그것은 1차적으로 기존 정치인들에게 가장 큰 책임이 있다. 선거 때에 당선만을 목표로 정치행각을 벌인 결과라 할까. 하지만 우리 국민도 이러한 전 근대적 정치가 잔존하는 것에 공동의 책임이 있다. 이제 일부 정치인들 탓만 하기에는, 그들에게만 책임과 권한을 맡기기에는 우리들의 삶이 너무 피폐해져버렸다.

≫≫ 삶의 정치, 생활정치

요즘 정치권을 비판할 때 가장 먼저 나오는 이야기는 한국 정치가 국민의 삶과 너무 유리된 채 진행되고 있다는 것이다. 선거 때 우리가 투표하는 이유는 무엇인가. 매우 단순하다. 그 후보자가 대통령이 되면, 국회의원이 되면, 구청장이 되면 내가 좀더 행복해지지 않을까이다.

내가 꼬박꼬박 납부하는 세금, 그 세금으로 월급받는 그들이 그 받는 값어치 만큼이라도 해주기를 바래서일 것이다. 특히 국가의 미래를 결정하는 정책권자의 의지와 결단은 국민의 삶과 직접적으로 연관되어 있다.

대기업과 재벌들에게 온갖 특혜를 주며, 1%의 가진 자들에게 이권 나누어주기에 급급했던, 독재정권의 집권자들을 몰아낸 역사를 우리는 갖고 있다. 대선과 총선, 그리고 촛불집회 등 거리집회를 통해 국민들은 우리의 삶을 훼손하는 정치인, 그리고 정책당국자들에게 항의하고, 정신차리게 한다.

그러나 너무나 힘들게 정치풍토는 바뀐다. 합법적 선거로 뽑힌 경우에는 더 그렇다. 이명박 정부 역시, 출범 초기부터 고소영인사, 부자감세, 남북관계의 악화 등 기대 이하를 넘어 분노까지 자아낼 정도의 정치행각을 벌였다. 그러나 국민이 할 수 있는 것은 지방선거와 보궐선거에서의 응징, 그리고 불법집회라고 매도되는 촛불집회에서의 항의였다.

국민들의 원성에도 불구하고 이명박대통령은 4대강 사업을 차질없이 추진해 나갔고, 조중동에게 방송매체까지 헌납하는 방송법날치기, 되풀이 되는 예산안 강행처리, 심지어는 한미 FTA까지 날치기로 처리해 국민들을 철저히 무시했다.

사회적 양극화로 피폐해지는 일반 서민들의 삶은 아랑곳하지 않았다. 동네에 대기업 슈퍼마켓이 들어와 골목상권을 유린해도 우리는 그저 쳐다볼 수밖에 없었다. 1등부터 69만명까지 서열을 매겨, 자신들의 앞날을 한 번의 대학입시로 결정짓게 하는 수능제도, 그 앞에서 무력하게 무너져가는 자식들을 그저 바라볼 수 밖에 없었고, 사랑하는 남녀들이 결혼하고 싶어도 집장만과 막대한 양육, 교육비 걱정 때문에 예식일자를 다음해로 미루어야 하는 비참한 시대에 살고 있다. 1년에 1천만원 훗가하는 등록금을 4년 동안 바쳤지만, 졸업 후 몇 년째 취직도 못하는 자식들을 껴안고 살아야 하는 현실이다. 노년 여유자금은 커녕 현재 은행 대출이자 걱정에 하루하루 살아가야 하는 이 사회.

그러나 정치인들은 고급승용차 끌고 다니면서 국회에서 자신만이 잘났다고, 자신의 의견만이 옳다고 주장하는 세상, 이 시대의 정치가 너무나 밉다. 아니 어떤 극한 사람은 투표한 손가락을 짤라버리고 싶다라는 이야기까지 서슴없이 한다. 정치의 목표, 정치가 지향해야 할 바가 좀더 분명해져야 한다, 국민의 삶이 어느 정도 수준인지 그 흔한 국회 공청회가 국민의 실질적 삶의 문제로 한 번이라도 열렸는가. 이제라도 철저히 국민의 삶에 근거한 정책과 정치형태가 나와야한다. 생활정치, 좀더 구체적인 집행으로 구현되어야 할 것이다.

≫≫ 가치관의 혁신

이 사회에서 남은 내가 아니다. 나는 오직 나뿐이다 라는 상호경쟁의식으로 꽉 차있다. 조금이라도 내가 손해 보거나, 양보하면 큰일이라도 나는 양, 초경쟁에서 남을 딛고 살아남아야 한다는 배타적 가치관에 사로잡혀 있다. 권력투쟁의 날로 시퍼런 정치권은 더욱 극명하게 나타난다.

선거에서 지면 끝이라는 신념으로 상대후보를 깍아 내리고, 위험을 무릅쓰고 돈을 뿌리고, 특히 정권을 장악하는 대선에서는 무자비할 정도로 상대후보에게 칼을 들이댄다. 정권을 잡은 후, 상대 정파에 대한 보복은 당연한 관례이다. 이러니 국회에서의 생산적 토론과 합의는 결코 쉽지 않다. 말로 안되면 몸으로, 쪽수로 결판낸다. 힘에서 밀리는 소수파는 끝까지 저항하다 힘에서 밀려 무력하게 무너진다. 상대방에 대한 배려, 포용, 그리고 인내는 쉽게 찾아보기 어렵다.

어떤 사회이든 보수세력이 있으면 진보세력이 있는 법, 그 체제의 유지를 바라는 집단과 변화를 통해 이득을 함께 공유하고자 하는 정파가 있는 것이다. 소수의 이익만을 보장하는 시스템은 파괴적으로 무너질 수 밖에 없다. 그전에 양보와 협의를 통해 먹거리를 좀더 나누어주고, 기회를 균등하게 하면 발전적인 사회로 나아갈 수 있다. 그러나 이명박 정부가 들어서는 좀더 나누어주려고 하기는 커녕, 없는 사람들을 더 빼앗아 있는 사람들이 더 가져가려고 하니 문제가 증폭되는 것이다. 기득권자들, 그들은 더욱 자신의 조그마한 재산이라도 안 내놓으려고 안달이지만. 전세살던 사람이 월세로 내려갈 생각을 하면 온몸으로 저항할 수밖에 없다.

어느 나라의 역사를 보더라도, 사람들의 기회는 좀더 넓게 퍼져나갔다. 물리력으로 기회의 확산을 막았던 위정자들은 비참한 최후를 맞이했다. 사회가 좀더 안정적으로 가기 위해서는 당연히 기회의 균등화, 그리고 부의 재분배가 필수적이다. 물론 보수주의자들이 주장하는 것처럼, 일하지 않고 노는 사람들에게까지 무조건 퍼준다는 것은 말이 안된다. 하지만 열심히 살려고 하는 사람, 가정의 행복을 위해 24시간 일하는 사람들에게 희망을 주고, 행복한 미래를 보장해 주어야 한다.

필자는 정치의 역할과 명제가 거창할 필요가 없다고 생각한다. 정치와 정부의 역할은 그 시대, 그 사회의 상식과 균형감각을 갖고, 부와 먹거리의 편중을 막고, 합리적인 재분배를 통해 기회를 공유하여, 사회구성원들이 행복한 삶을 자기자신의 위치에 맞게 누릴 수 있도록 해주는 것이라고 생각한다. 잘

사는 사람들은 더 잘사고, 못사는 사람들은 계속 못살아야 한다면 그 사회의 유지가 어떻게 보장되겠는가. 부의 대물림, 심지어 일류대학의 진입마저 사교육을 통한 대물림이 이루어지는 사회가 무슨 공평 사회라고 칭할 수 있겠는가.

기득권자들은 당연히, 자신들의 부와 권력을 통해 언론과 정치권력을 장악하여 그들의 군림 위상을 확대하려고 한다. 여기에서 사회적 마찰이 더욱 일어나는 것이다.

정치의 역할이, 정부의 임무가 주어진다. 이러한 갈등과 마찰을 막을 수 있도록 어떤 경우에는 급진적으로, 어떤 상황에서는 점진적으로, 재분배와 기회균등이 실현될 수 있도록 제대로 된 정치를 해야 한다. 그래서 대다수 국민들이 보편적 삶을 향유할 수 있는 사회로 나아갈 수 있도록 안내해야 하는 것이다. 그들에게 국가권력을 맡기는 이유가 무엇인가, 이러한 일을 충실히 사심없이 해달라는 것 아니겠는가. 그러나 상당수의 정치인들은 입성하면 달라진다. 까먹는다. 왜? 그 조그마한 권력에 취하기 때문이다. 초심을 잃어 버리고 기득권자들의 입장을 대변하는 세련된 나팔수로 전락해 버린다.

정상적인 사회에서 보수와 진보의 차이는 무엇이겠는가. 합리적 보수세력은 조금씩 나누어주자는 것, 그래서 더 큰 불화와 갈등을 사전에 미리 막아보는 것이다. 왜냐하면 그 갈등이 더욱 심화되면 호미로 막을 것을 가래로 막을 수도 있기 때문이다.

그러나 진보세력은 이러한 불균등의 문제를 개선하거나, 제도를 바꾸어 아예 호미로 막자는 것이다. 조금더 나아가면 근본부터 수술해서 더 이상 부가 편중되거나 기회가 극소수에게 만 제공되는 것을 막자는 입장도 있다.

얼마전 안철수교수가 나눔의 메시지를 던지며, 자신의 재산을 불우한 사람들을 위해 쓰겠다고 발표했다. 그 반향은 대단했다. 아름다운 일이라고 서민들의 입에서 회자되었다. 그러나 한나라당의 모 국회의원은 안철수교수의 비리 들추기에 안달이 나서 하루가 멀다하고 공격해댄다.

그가 공격하는 이유는 무엇일까. 극소수의 기득권자들에게 내가 이렇게 당신들의 이익을 지키기 위해, 욕먹어가며 정치활동을 한다고 보여주는 것 아니겠는가.

그러나 그 잘난 행동은 무엇을 의미하겠는가. 서민들의 꿈을 짓밟고, 미래의 희망을 앗아가는 행동이다. 반역사적인 행태인 것이다. 그나마 일말이라도 상식이 있다면, 고명한 미국 유학도 다녀오신 분이 노블레스 오블리지도 모르는지, 안타까울 뿐이다.

≫≫ 우리의 참여가 절실히 필요하다

이제 어떻게 치유할 것인가를 고민해 보자. 문제만 나열했는데, 가치관의 변화도 필요하다고 했는데, 변하지 않으면 어떻게 할 것인지, 또 계속 투표장에 가서 눌러댈 것인지, 고민과 연구가 필요하다.

우리 국민의 저력은 대단하다. 그것은 세계역사를 추동시키는 변화의 힘을 갖고 있다. 역사적으로 거슬러가면 동학혁명을 떠올릴 수 있다. "인내천"이라는 가히 혁명적인 철학을 내세웠던 동학이다. 비록 외세와 결탁한 봉건잔재세력과 일본 제국주의에게 무릎을 꿇었지만, 그 정신과 역사는 후손인 우리 국민들에게 계속 흐르고 있다.

백성이 하늘이라는 이 정신은 위정자들의 그릇된 만행을 응징한 현대사에서 잘 나타나고 있다. 4.19혁명과 광주민주항쟁, 그리고 6월민주항쟁, 또 노풍으로 나타난 정치혁명, 촛불을 들고 모여든 시민들, 최근의 안철수 돌풍 등 민주주의 역사를 오랫동안 갖고 있는 서양에서도 조차 나타나지 않았던 민중의 역사를 우리는 쓰고 있다.

이제 이것을 일상적으로 조직화하는 일이 필요하다. 박원순 시장의 당선으로 시민단체의 역할이 더욱 주목되고 있다. 단순히 비판, 감시하는 기능이 아니라, 참여해서 바꾸어내는 시민단체, 활동가들의 집합체가 아닌, 일반 시민들이 자신들의 삶의 문제를 논의하고, 해결해 나가는 자발적 단체의 네트워크가 필요하다. 새로운 시민참여의 시대가 요구되고 있는 것이다.

　　이것은 무슨 정치단체를 말하는 것이 아니다. 동네의 보육, 교육 문제를 해결하고자 모인 공동체 소모임부터, 나눔을 실현하는 협동조합, 함께하는 전통적인 계모임, 독서모임, 사회체육클럽, 지역의 무분별한 개발에 반대하는 모임, 동네의 작은 산을 지키는 단체 등 우리의 일상생활에서 벌어지는 크고 작은 문제를 개개인이 아닌 여러사람이 모여 함께 해결해 나가려는 공동체 문화에 토대를 두면 된다. 이러한 공동체 모임은 자연스럽게 우리 삶의 질을 결정짓는 정치에 관여하거나 참여하게 되고, 지방정부의 예산을 감시하고, 정치인들의 그릇된 행태에 대해 경고하고, 토론과 협력을 통해 여론을 재생산하는 일을 하게 될 것이다.

　　마포의 성미산 같은 경우가 벤치마킹 할 수 있는 모범사례라 할 수 있다. 성미산 활동가들은 주민들의 자발적 참여를 가장 중요시하게 여긴다. 중앙정부나 지방정부에서 등한시하는, 그러나 우리의 직접적 삶과 연관되어 있는 교육, 보육 문제부터 함께했다. 동네에서 공동으로 투자해 친환경 식당도 만들고, 작은 카페를 열어 자연스럽게 모일 수 있는 공간도 확보했으며, 마을 극장도 만들어 문화도 향유하고 있다. 정당의 낡은 틀이 아닌, 우리들의 삶과 직접적으로 관련있는 이해관계속에서, 참여의 공동체를 만들어 나가는 것이다. 아직은 정파적, 정당적 대립을 우려해서인지 정치적 집회는 조심스러워하는 것 같지만, 월요정치살롱이라는 형태로 주민들의 정치참여도 독려해 본 사례가 있다.

각 지역, 각 동네마다의 특수성이 있을 것이다. 농촌과 도시의 차별적 접근도 필요할 것이다. 굳이 제도언론을 통해 홍보할 필요가 없다. SNS를 통해 서로 정보를 공유하고, 경험을 전달하면 된다. 우리의 문제는 우리가 해결해 나간다는 취지로 움직이면, 많은 주민들이 참여할 것으로 확신한다.

이제, 우리의 대리인만 뽑아 그들에게 헛된 기대를 거는 시대는 끝나가고 있다. 우리가 직접 참여하고 만들어나가는 시스템을 구축해야 한다. 선거시기만이 아니고, 일상적으로 또 생활정치를 우리가 구현해 나간다는 공감대를 확산해야 한다. 자발적 시민 참여 네트워크가 확산된다면, 정치가 국민 삶에 기초하지 않을래야 않을 수가 없다. 선출된 정치인들이 초심을 버리게 되면, 바로 다음날 지역주민들에게 혼나게 된다. 또한 이들 정치인들도 이러한 공동체에서 일정 역할을 할 수 있도록 배려하면 더욱 좋다. 시민들의 자발적 참여의 시대를 아래로부터 어떻게, 얼마나 만들어내느냐, 이것이 바로 우리의 정치를 바로 잡고, 정치를 통해 국민들이 행복해 하고, 정치인들이 신뢰받고 존경받는 그러한 사회가 되게 할 것이다.

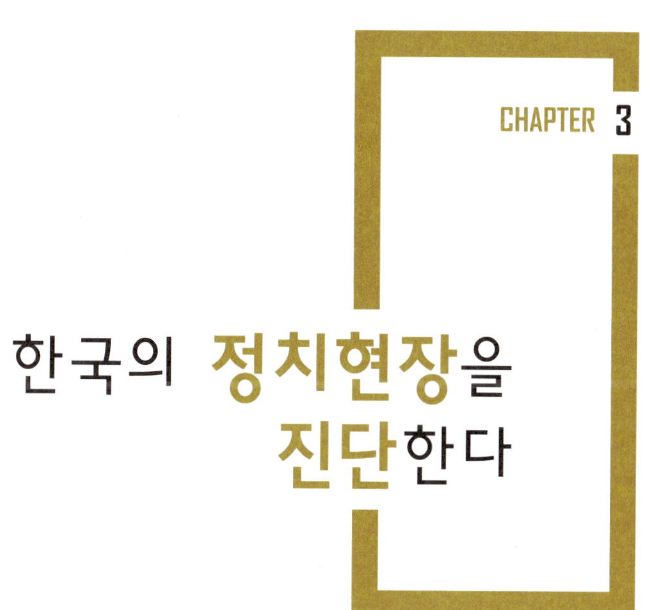

한국의 정치현장을 진단한다

**민주당 전당대회, 점점 가열되고 있는 분위기인데요,
지금은 어떤 구도로 진행되고 있는지...**

　　예상은 빅3, 즉 정세균, 손학규, 정동영 빅3의 각축장이
될 것 같은데, 486주자들도 만만치 않은 형세를 보일 것 같
다. 더욱이 예비경선에서 486주자로 알려진 이인영, 백원우,
최재성후보가 당의 중진들을 제치고 1차 예비 경선을 통과하
여, 민주당이 젊은 지도자, 세대교체의 흐름을 타는 것으로 보
인다. 그러나 486주자들이 모두 출마한다면 표가 분산될 것
으로 여겨져, 이들의 단일화가 주요 변수로 작용하고 있다. 백
원우 의원은 일단 사퇴의 뜻을 밝히고 있어, 이인영, 최재성
후보의 단일화가 관심거리인데, 두 사람 모두 출마의 뜻을 접
지 않고 있어 귀추가 주목된다. 이인영후보는 삼수회라는 486

정치인들의 모임에서 추대되었고, 최재성후보는 장고에 들어 갔다고 한다. 이번 전당대회를 앞두고 486그룹이 뒤늦게 나마 독자세력화를 모색한 것이 당원들의 환영을 받는 것 같다.

사실 그동안 전대협 출신들을 주축으로 형성되었던 민주 당 내의 486출신 정치인들은 개혁적 이미지만 포장되었지, 자 신들의 목소리를 내는 데에는 소극적이었다는 비판을 받아왔 다. 특히 선거 때나 지도부 구성시 유력정치인들의 참모 역할 에 안주하여, 선배들에 얹혀서 양지만 쫓아다녔다는 비판도 받아온 것이 사실이다. 이렇기 때문에 한국정당정치의 고질적 병폐로 지목되어온 계파정치, 하청정치를 종식시켜야 한다는 목소리가 높아져 왔다.

하여튼 이번 전당대회를 앞두고 486세력들이 자신들의 목 소리를 내기 위한 방편으로 지도부 입성을 시도하고 있지만, 이인영, 최재성 두 후보의 후보단일화가 아직은 난제에 봉착해 있다. 잘못하면 단일화 파동으로 끝날 수도, 또 당권·비당권 파 틀 속에 안주해 버릴 수도 있기 때문에 민주당의 보수정치 틀을 과연 극복해 낼 지가 관심거리이다.

각 후보들은 이번 전대에서 어떤 입장을 내놓고 있는지

주목받고 있는 빅3부터 알아보면, 대표연임에 도전하고 있 는 정세균의원은 큰 변화의 판을 키워야 한다고 밝히고 있다. 정동영의원은 담대한 진보라는 슬로건 아래 민주연합정부 구

성을 주장하고 있다. 대선후보로서 지지율이 높은 손학규후보
는 차기정권의 교체에 대한 집권 의지를 강하게 표명하고 있
다.

그러나 이들 3명 후보 모두 약점을 안고 있다. 손학규후보
는 한나라당 전력이, 정동영후보는 지난번 보궐선거에서 탈당
하여, 무소속으로 당선되어 다시 복당한 과거가, 정세균후보는
연이어 대표에 도전하다는 공격을 받고 있는데, 3명 중 승리하
여 대표에 오르는 후보가 향후 대권가도에 유리한 위치를 선
점한다고 볼 수 있다.

이 외에도 "통째로 바꾸겠다"며 당의 전면쇄신을 주창하
는 천정배의원과 민주당을 구원할 수 있는 4번타자라고 하는
박주선후보, 정책정당을 밝히고 있는 유일한 여성후보인 조배
숙의원, 또 세대교체론과 젊음을 강조하고 있는 이인영후보,
빅3 외에 자신과 같은 알파가 반드시 필요하다고 하는 최재성
후보가 있다.

민주당 전당대회가 국민적 관심을 모으고 있는지

아직 국민적 관심은 증폭되고 있지 못한 것 같은데, 후보
들 상당수가 당권에 대한 도전의지 구호만 앞서는 것 아니냐
는 지적도 있다.

수권정당으로서, 제1야당으로서 진정, 이 시대가 필요

로 하는 담론이 재생산되고 있는지 의문이다. 즉 민주당
이 어떤 가치와 비젼으로 국민에게 접근할 것인지에 대한
치열한 토론이 부족하다는 것이다.

또한 국민적 관심을 끌 수 있는 흥행몰이적 측면에서도 적
신호가 켜져 있다고 하는데, 8명 후보 중 지도부 6인을 선출
하는 지도부 진입률이 75%나 되어서, 박진감이 떨어진다는 이
야기다.

만약 단일성 지도부 체제, 대표와 최고위원 분리선거를 했
다면, 좀더 치열한 그래서 과연 빅3 중 누가 대표가 될 것인가
에 초점이 모아지는 선거가 될 수 있었다는 지적이다.

이산상봉문제, 남북관계 전환점이 모색되는 것 같은데요

대한적십자사가 지난 17일 개성에서 이산가족 상봉을 위한
실무접촉을 하자고 제안했다. 북측은 이를 신속하게 수용했는
데, 일주일 전 북한측의 제안으로 금강산 이산가족 상봉행사
협의를 위한 실무접촉이 있었다.

이번 적십자 접촉은 이명박 정부들어 2번째인데, 최근 100
억원 상당의 남측 수해지원과 대승호 송환, 또 이명박 대통령
의 제2 개성공단발언에 대한 화답하는 분위기로 분석된다. 사
실 이명박 정부 들어 남북관계가 급속히 악화되고, 상호비방
이 난무해 한반도의 위기상황까지 점쳐져 왔다. 이번 양측 적

십자사간의 실무접촉이 지난 천안함 사태에 따른 5.24 대북제
재까지 포함한 일련의 대치관계에 해빙 무드가 조성될지 주목
된다.

남북 양측 적십자사간의 접촉은 남북관계의 물꼬를 트는
역할을 해왔다. 1971년 대한적십자사가 처음으로 이산가족 상
봉을 제안한 이후 인도적 차원에서 이산가족 상봉이 이루어져
왔으며, 이어서 경제 군사당국자 회담으로 이어져 왔다.

북한은 지난 10일 적십자채널을 통해, 추석절 이산가족 상
정을 전격 제안 했는데, 김대중 정부 때의 남북정상회담 이후
이산가족 상봉이 그동안 16차례 있었지만 북측이 먼저 이산
가족 상봉을 제안한 것은 처음이다. 이는 북측이 천안함 사태
이후 악화된 천안함 국면에서 벗어나려는 의도로 보인다.

또한 한반도를 중심으로 한 미국과 중국의 노력도 있었는
데, 미국무부 대북정책 스티븐 보즈워즈 특별대표의 방북, 카
터 미 전 대통령의 북한 방문, 또 김정일 국방위원장의 중국
전격방문과 후지타오 주석과의 회담도 영향을 미쳤던 것으로
보인다. 더욱이 중국은 우다웨이 중국 한반도 문제 특별대표
를 북한에 보내어 미국의 대북 화해 메시지를 북한측에 전달
한 것으로 알려져 있다. 결국 북한이 북미관계를 먼저 풀기 위
해서는 먼저 남북관계를 풀어야한다는 압력을 받았을 가능성
이 있다.

아직 공식적이지는 않지만, 남측도 이산가족 상봉을 정례

화 하자라는 역제의를 할 것으로 보여지는데, 남측 입장에서
는 국제정세 상 북한이 먼저 제안한 이산가족 상봉 제의를 거
절하기는 어렵고, 천안함 대북관련 제재 조치는 아직 풀 수
없는 입장이기 때문에, 일단 남쪽 내부의 여론을 의식한 내부
용 제의 단계가 아니냐는 분석도 있다.

그러나 상당수의 전문가들은 북측이 이산가족 상봉 정례
화를 받아들이기는 쉽지 않다고 본다. 왜냐하면, 북측 입장에
서 볼 때 이산가족 상봉문제는 항상 남북간의 주요한 협상카
드 중 하나였는데, 이를 정례화시키면 주요카드 하나가 상실된
다고 보기 때문이다. 따라서 남측 정부가 이산가족 상봉화 정
례화를 계속 주장한다면, 이산가족 상봉화를 외면하는 방편
으로 이용될 수도 있다.

결국, 남북 모두 화해 분위기 조성을 위해 간을 보고 있는
정도 수준인 것 같은데, 우선 북측을 회담 테이블로 끌어내어
그들의 개방을 유도해내는 것이 필요하다.

이명박 정부 들어 상호주의를 표방했지만, 실질적으로 얻어
낸 것은 거의 없다. 오히려 악화된 남북관계로 한반도에서 긴장
만 조성되고, 한국경제에도 별 효과가 없었던 것이 사실이다. 현
재의 남북 모두 상호 적대적 입장만 주장할 뿐, 이렇다할 적극
적 움직임이 없다. 이번 남북적십자간 접촉이 서신교한, 상시면
회, 교환방문까지 이어져 다시 남북관계를 회복하는 계기로 작
용하기를 국민들 대다수가 원하고 있음을 알아야한다.

**어제부터 김황식 총리후보자에 대한 인사청문회가
열리고 있는데 쟁점은**

첫번째로 거론된 것은 병역비리의혹이다. 김황식후보자가
1972년 부동시로 병역을 면제받은 경위에 대한 추궁이 집중
적으로 이루어 졌는데, 김후보자는 1971년 자신의 형이 의사
로 근무하던 병원에서 갑상선기능항진증으로 진단서를 발부받
아, 징병검사를 연기하고, 이후 1년도 안된 시점에 또 군을 면
제받은 이유에 대해 추궁당했다. 이에 대해 김후보자는 1972
년 3월 사법시험 합격 이후, 신체검사를 위해 안경점에 갔다가
처음 부동시라는 사실을 알았다고 해명. 그러나 야당의원들은
1970년과 1971년 두 번의 신체검사에서 전혀 나타나지 않았던

부동시가 어떻게 바로 다음해인 1972년 사법시험 합격 후 3개월만에 병역면제를 판정받을 만큼 진행되었는지 이해할 수 없다고 질의했다.

두번째로는 김황식 총리의 말 바꾸기이다. 즉 감사원장 임기를 반드시 채우겠다고 공언했는데, 왜 갑자기 총리지명을 수락했느냐는 것이다. 김후보자는 "무슨 팔자가 이러냐"는 생각을 했다면서, "공직생활을 열심히 해서 대법관이 되고 싶었고, 그 이후에도 감사원장과 총리자리는 결코 맡고 싶은 자리가 아니었다. 그래서 이명박 대통령이 총리직을 제안했을 때, 사양의 뜻을 밝혔지만, 제안이 거듭되자, 공직자로서 계속 거절하는 것도 예의가 아니라 여겨져 수락했다"고 밝혔다.

세번째로 나온 이야기는 감사원장 시절 진행했던 4대강에 대한 감사였다. 야당의원들은 4대강 감사결과 발표를 연기한 이유와 감사위원 선정 시, 대통령 측근인 은진수씨가 감사위원에 들어간 문제를 추궁했다. 즉 청와대의 입김이 작용하지 않았냐는 것이다. 주심배정 순서를 조작해, 의도적으로 은진수 감사위원을 4대강 감사위원으로 조작했다는 의혹을 제기했다.

이외에도 김황식 총리후보자의 재산형성과정에 대한 질의도 있었는데, 수입보다 지출이 많은 상황에서 예금액이 늘어난 점, 연간 2천에서 3천이 들어가는 자녀 유학비, 증여세 탈루 의혹 등이다.

전반적으로 보았을 때, 여야간 첨예한 공수대결이 펼쳐졌으나, 아직 이렇다 할 한방은 나오지 않은 채, 비교적 평이하게 진행된 것으로 볼 수 있다. 현미경 검증을 공언했던 야당은 최대 쟁점인 병역기피 의혹을 집요하게 파고 들었으며, 김후보자 누나가 총장으로 있는 동신대 특혜지원 의혹, 대법관 시절의 상지대 판결 논란, 재산·증여세 탈루 의혹, 4대강 사업 감사 자료 지연 등을 이따라 도마 위에 올려놓고, 백화점식 공세에 나섰다.

그러나, 대부분 그동안 언급됐던 수준을 크게 벗어나지 못한 것으로 보이며, 병역기피 의혹의 핵심이었던 '부동시'(不同視. 두 눈의 시력차가 커서 생기는 장애) 논란과 관련, 김 후보자가 청문회 하루 전 부동시로 판정받은 진단서를 제출함에 따라 공방 자체가 밋밋해졌다.

또한 민주당 내 저변 기류에 흐르는 호남 출신 총리에 대한 우호적 정서로 인해 청문회는 어느 정도 맥빠진 분위기로 예고된 게 아니냐는 시각도 있다. 심지어 야당 청문위원 사이에선 "우리만 총알받이가 됐다"는 볼멘소리까지 나올 정도이다.

반면 야권의 공세에 맞서 한나라당은 정책 검증에 주력하면서 김 후보자에게 충분한 소명 기회를 부여하며 엄호에 성공했다고 자평함에 따라, 현재까지는 인준에는 큰 무리가 없을 것으로 보인다. 역시 민주당도 감사원장 청문회 때에 이어 부적격 의견을 낼 가능성이 크지만 적극적 반대에 나서지는 않을 것이라는 관측이다.

정치권에서 논란이 되고 있는 복지 문제

2010. 10. 5. obs 출연인터뷰

2007년 대선 때는 성장이라는 담론이 대두됐지만, 이번 2012년 대선 때는 복지 아젠다가 주요 논쟁거리로 등장할 것으로 보인다. 유력 대선주자들이 향후 한국사회의 복지정책에 대해 자신들의 입장을 앞다투어 피력할 것으로 보이는데, 아마도 선거의 주요 성패를 가를 것으로 전망된다.

최근 정치권에서는 '복지경쟁'이라는 말까지 나오는데, 이는 성장만을 추구해왔던 한국사회가 이제 분배의 문제, 나눔의 고민을 본격적으로 하기 시작했고, 국민들의 요구가 분출하고 있다는 흐름이다. 또한 2009년 지방선거 시 야당의 무상급식문제가 실질적 표 획득에 기여 했다고 정치권에서는 판단하고 있다. 이명박 정부에 들어 급격하게 진행된 사회적 양극화

심화로 인해 국민들이 실질적 삶의 질 문제에 대해 관심이 고조됨에 따라, 유력정치인들이 복지경쟁이라는 말이 나올 정도로 앞다투어 복지정책을 내세우고 있다.

한국사회를 분석해보면, 빈곤층은 상승하고 중산층은 감소하고 있다. 1997년 73.6%였던 중산층이 2008년 63.2%로 감소되었고, 2003년 18.3%이던 빈곤층이 2009년 20.2%로 늘어났다. 이에 따라 빈곤층에 대한 더욱 강력한 생계보장이 요구되고 있으며, 선진국형 복지 정책에 대한 적극적 검토가 요청되고 있는 상황이다. 실제로 대한민국은 국내 총생산 대비 사회복지 재정이 8.5%에 불과하다. 이는 OECD 회원국 평균 21%, 그리고 주요 선진국 28~30%에 비하면 턱없이 낮은 수준이다.

논란의 중심에 서 있는 박근혜의 한국형 복지론을 살펴보면, 사회보장 기본법 개정을 통해 성장과 복지가 선순환되는 모델을 강조하고 있다. 정부부처와 각 지방자치단체별로 난립해 있는 사회보장제도를 사회보장기본법 개정을 통해 통합 관리하고, 소득보장 중심, 공급자중심인 현행 복지 체계를 수요자중심의 생애주기별 맞춤형 복지로 바꾼다는 것이다.

이에 따라 국민들의 복지 만족도를 극대화시킨다는 방안인데, 박근혜의 복지정책은 한국형 복지 소외계층에게 단순히 돈을 나누어 주는 것이 아니라, 자아실현을 할 수 있도록 보장한다는 점을 강조하고 있다. 축약하면 선제적이고 예방적으로 국민의 생애 주기에 따른 복지 서비스 보장이라는 것이다. 박근혜전대표는 "아버지의 꿈은 복지국가 였다"고 밝히기도 했다.

그러면 야당 및 다른 대권주자들의 복지정책은 어떤 것인지.

우선 민주당은 작년 10월 3일 전당대회에서 보편적 복지를 당 강령으로 채택했다. 민주당은 무상의료의 현실화, 무상교육의 확대, 대학등록금 경감, 그리고 무상보육의 단계적 실현을 당 정책으로 내세우고 있다. 이외에도 기초노령연금의 현실화를 통한 노후보장도 제시하고 있다.

민노당 역시 강력한 복지정책을 일찍부터 주장해 왔는데, 60%에 이르는 건강보험 보장성을 90% 이상으로, 진보신당은 사회복지세 신설과 함께 건강보험 90% 이상 달성과 병원비 본인 부담 상한제 실시 등이 이루어져야 한다고 강조하고 있다.

선별적 복지를 강조하고 있는 한나라당은 최근 그 입장이 조금씩 바뀌고 있는데, 최근 안상수 대표가 70% 복지를 주장하고 있으며, 심재철 한나라당 정책위 의장은 월소득 450만원 가계까지 보육비 지원, 육아 휴직시 최대 100만원을 지원할 것이라고 밝히고 있다. 그러나 당내의 중심 의견은 국민들에게 세금을 더 걷어들여야 복지 정책을 적극적으로 펼쳐나

갈 수 있는데, 그 이야기는 감추어 놓고 무조건 경쟁적으로 복지만 말하면, 뒷감당은 어떻게 할 것인지, 재원은 어떻게 마련할 것인지라는 볼멘소리도 나오고 있다. 또한 이명박 대통령은 신년사에서 복지 표퓰리즘을 비판하며, 재정위기에 대해 언급한 바도 있어, 쉽사리 한나라당의 정책이 바뀔 것으로는 보이지 않는다.

유력대선주자들의 입장을 알아보면, 김문수 지사는 맞춤형 복지를 강조하며, 당장의 먹을 거리보다 적시적소의 복지정책을.

오세훈 서울시장은 부자까지 포함하는 보편적 복지는 반대한다고 하며 소득계층과 무관하게 무차별적으로 복지를 제공하는 것을 반대하고 있다. 서울형 그물망 복지, 자립형 복지에 우선을 두고 있다.

민주당의 손학규 대표는 성장친화형 복지국가, 복지를 기반으로 한 정의로운 복지사회 건설을, 정동영 최고위원은 부유세 신설과 함께 역동적 복지국가론을, 정세균 최고위원은 취약계층에게 정부지원 뿐만 아니라 경제, 문화도 민주화가 되어야 한다고 밝히고 있다.

논란이 되고 있는 선별적 복지와 보편적 복지문제를 정리해보면 선별적 복지는 일부 저소득층에게 국한하여 사회복지를 실현한다는 개념이다. 저소득층에게 국한하여 사회복지 서비스를 제고해서 사회의 불균형을 시정한다는 것이다. 반면 보편적 복지는 모든 국민이 실업과 질병, 그리고 노화 등 일상적 불안요소에 대해 사회적 기본소득을 보장받는 시스템으로 최근에 학계에서는 역동적 복지국가 개념까지 나왔다.

역동적 복지국가는 보편적 복지기반 위에 교육과 보육에 대한 투자로 인적자원을 강화시키고, 적극적 조세재정정책으로 변화된 경제체제까지 나아가야 한다고 밝히고 있다.

인사청문회 낙마

2011. 1. 13, mbm

**어제 정동기 감사원장 후보자가 어제 사퇴했습니다.
청와대 인선에 문제가 있는 것이지요**

이명박 정부 들어 인사청문회에 회부된 인사는 총 60명이다. 그러나 이중 7명이 청문회 벽을 넘지 못하고 낙마했다. 이명박 정부의 인사는 취임 초부터 문제시되었다. 고소영이라고 불리는 이명박 대통령의 인사스타일은 측근인사의 벽을 넘지 못했다. 이번에 낙마한 정동기 감사원장 후보도 헌법기관의 장을 측근 참모 출신으로 기용한 것이 문제의 발단인 것이다.

이명박 대통령은 후반기로 접어들면서, 국민의 눈과 귀에 맞춘 인사보다 단순히 권력 누수 현상을 방지하기 위한 MB와 코드가 통하는 인물을 주요 보직에 앉히는, 보은인사, 회전문

인사를 계속 고집하고 있다. 이번 정동기 후보 낙마는 결국 여당까지 반대한 결과인데, 여당도 이러한 측근 인사에 대해 여론의 눈치를 보지 않을 수 없는 상황까지 온 것이다.

이명박 정부의 이러한 인사스타일은 어디서 기인하는 것일까. 기본적으로 우선 국가운영에 대한 단편적 지식에서 나오는 것이다. 국가운영의 키, 헤게모니를 내부그룹에서만 가지려고 하기 때문이다. 결국 이러한 인사스타일은 집권말기로 가게 되면 레임덕 현상을 자초하게 될텐데 국민 입장에서 볼 때는 보편적 정치혜택을 보지 못하고 일부집단에게만 정치권력이 집중되는 전근대적 행태를 보게되는 안타까운 일이다.

한편, 이른바 '함바게이트'가 일파만파로 파문이 확산되고 있는데요. 전 방위로 수사가 확대되면서 정치권도 바짝 긴장하고 있죠?

함바게이트 사건이 전방적으로 확대 되고 있다. 민주당은 권력형 비리 사건으로 규정, 청와대의 책임있는 문책까지 요구하고 있는데, 게이트의 핵심인물인 유씨는 평소 정보기관같은 인맥관리를 해왔다고 한다. 그는 유력인사 130여명의 신상파일을 만들어 고향과 출신학교, 인맥 등을 꼼꼼히 기록해 왔다는 것이다.

평소 유씨는 "대한민국 관료 중에서 내 돈 안먹은 사람 없다"라고 말하기도 했다는데, 이번 게이트 사건에서는 정관계,

재계, 경찰, 검찰, 지방자치단체장, 인허가 담당 공무원 등 하루가 멀다하고 새로운 인물이 거론되고 있는 실정이다.

현재, 부산 지역 현직 국회의원 측근이 가족 이름으로 지역구에서 함바집 운영했다는 설, 부산시장의 개입 의혹도 제기되고 있다. 물론 허시장은 집무실에서 두세차례 만났지만 청탁은 전혀 없었다고 부인하고 있다.

이번 함바게이트 사건은 최근 공사가 진행된 부산지역의 정치권 관계자와 공직자 이름들이 잇따라 거론 되고 있다. 함바집은 본래 이권을 둘러싼 진흙탕 싸움으로 알려져 있다. 이러한 이권다툼은 결국 함바집을 이용하는 건설 노동자들에게 고스란히 피해가 전가된다. 함바집의 식단이 부실해지고, 단가도 낮아지기 때문이다. 중간 브로커들의 장난에 의해 반찬이 형편없어지게되고, 어쩔 수 없이 건설 노동자들은 울며겨자식으로 먹을 수밖에 없게 된다.

함바 브로커 유씨와 같은 지역브로커들은 함바 운영권을 따내면, 권리금 조로 70%를 갖게 된다고 한다. 함바집의 동태 사골국(동태찌개에 살은 없고 뼈만 나온다) 이 나오는 이유이기도 하다. 일용 건설노동자들의 식단까지 자신들의 이권개입을 서슴치 않는 사회의 지도층이라고 불리우는 사람들, 과연 그들은 집에서 어떤 식단으로 밥을 먹는지 궁금하지 않을 수 없다.

청와대 민정수석실의 감찰팀장이 사건에 연루되면서 사퇴했다. 민정수석실 감찰팀장이라는 직책이 청와대 비서실 직원들의 비리를 조사하는 권력핵심 자리인 만큼 적잖은 논란거리가 되고 있는 상황이다. 이명박 대통령이 서울시장 재임시절의 S라인들이 의혹을 받고 있는데, 배건기 민정수석실 감찰팀장 역시 S라인의 한 축으로 알려져 있다. 검찰은 배팀장에게 유씨가 금품을 건넸다는 진술을 확보한 것으로 전해진다. 당시 정무부시장이었던 정두언 최고의원의 경우, 2003년 유씨를 만났지만, 브로커 냄새가 너무나서 이후 상종하지 않았다고 밝혔다. 이외에도 유씨가 전남 목포 출신임에 따라 3선을 지낸 야당의 고위정치인도 거론되고 있다.

건설현장에 개입해 실질적 힘을 발휘할 수 있는 자리는 경찰 등 사정기관이다. 건설 현장은 각종 민원 등 인허가 사항이 순조롭게 이루어져야 건축이 진행될 수 있기 때문이다. 지역 사정기관의 협조가 필수적이다. 강희락 전경찰청장, 이길범 전 해양경찰청장, 김병철 울산지방청장, 양성철 광주지방청장 등이 의혹의 인물로 거론되는 이유이다.

사정기관의 핵심부에 있던 인물들에 대해 과연 한국 검찰이 과감한 칼을 휘두를 수 있을지 상당수 국민들은 의심하고 있다. 검찰에 대한 신뢰는 이미 땅에 떨어진 것이 사실이다.

특히 정치권 관련 수사에 있어서는 권력의 눈치만 검찰이 본
다는 비판이 어제 오늘의 이야기가 아니다. 자신의 사정기관
비리를 검찰이 확실히 조사할 수 있을지 지켜볼 대목이다.

어제 내려진 대법원 판결로 이광재 강원도지사가 결국 지사직을 상실하게 됐는데

어제의 판결내용을 살펴보면 징역 6월에 집행유예 1년, 추징금 1억 1천 400만원을 선고한 원심이 확정 됐다. 벌금 100만원 이상의 형이 확정되면 공무담임권과 피선거권이 제한되어 취임 7개월만에 이광재지사는 도지사직을 그만둘 수 밖에 없다. 그동안 이광재지사는 자신의 무죄를 강하게 주장해 왔지만, 대법원은 원심을 그대로 확정했다. 이광재 지사측은 항소심 재판부가 변론재개 신청을 부당하게 거부했다고 주장했으나 대법원 심판부는 "법원의 재량"이라며 받아들이지 않았다.

이광재지사는 박연차 태광실업회장, 정대근 전 농협중앙회장과 정상문 전 청와대 총무비서관 사돈에게서 돈을 받은 혐의로 기소 된 바 있다. 이광재지사는 작년 6.2지방선거에 출마하여 당선됐지만, 당선 직후 항소심 선고로 직무 정지, 직무정지에 대한 헌법재판소의 헌법불합치 결정으로 두달만인 9월에 극적으로 업무에 복귀되었다.

그러나 이번 대법원 판결로 도지사직을 그만둘 수 밖에 없게 되었다. 이광재지사는 "재판결과가 참으로 실망스럽다. 사자처럼 당당하고 의연하게 살겠다"고 밝혔다.

그러나 평창올림픽 유치를 비롯해서 여러 계획들을 야심차게 추진해 왔던 강원도로서는

큰 혼란에 휩싸였을 것으로 보인다. 당장 다음달 초에 예정된 동계올림픽 실사에 어려움이 예상되면, 알펜시아 리조트 투자협정(약 3천500억, 중국 상하이 옥심 투자관리회사) 에도 차질이 불가피하다. 이 외에도 이지사가 공약사업으로 추진한 동해안권 경제자유구역 지정, 동서고속철도, 여주~원주 전철 연장 등 해결해야할 주요 현안의 원활한 추진이 불투명해졌다.

이 밖에 박진의원과 민주당 서갑원의원도 판결을 받았죠

박연차회장에게서 불법 정치자금을 받은 혐의(정치자금법 위반)로 기소된 박진의원에게 벌금 80만원을, 서갑원의원에게는 1천200만원이 확정됐다. 박진의원은 의원직을 유지하게 된

반면, 서갑원의원은 의원직을 상실하게 됐다.

민주당 서갑원의원의 경우, 대법원은 2006년 5월 박 전 회장 측으로부터 받은 5000만원과 2008년 3월 후원회 계좌로 받은 1000만원을 유죄를 인정한 원심 판단을 유지했다. 대법원은 한나라당 박진의원이 박 전 회장으로부터 2만 달러 및 1000만원의 불법정치자금을 받은 혐의 역시 원심과 같이 유죄로 인정했다. 서갑원의원은 "검찰의 기획·표적 수사로 시작된 이번 사건에 사법부 역시 정치 재판의 한계를 뛰어넘지 못했다"고 주장했다.

어제 또 박연차 태광실업 전 회장에 대한 판결도 있었는데요. 일부 파기 환송 처리됐죠

한편 대법원 3부(주심 신영철 대법관)는 이날 박 전 회장에게 징역 2년 6개월 및 벌금 300억원을 선고한 원심을 파기, 일부 무죄 취지로 사건을 서울고법으로 돌려보냈다. 정·관계 로비와 세종증권 매각비리 연루 혐의로 기소된 박연차(66) 전 태광실업 회장에 대해 대법원이 원심 판결을 파기한 것이다. 대법원은 조세포탈 및 뇌물공여 혐의 등으로 구속 기소된 징역 2년 6개월에 벌금 300억원을 선고한 원심을 파기, 사건을 서울고법으로 돌려보냈다. 박 전 회장은 2003년부터 2007년까지 홍콩 APC법인 등을 통해 세금 280억여원을 포탈한 혐의 (조세포탈)와 2005~2006년 농협 자회사인 휴켐스를 유리한 조건으로 인수해달라는 청탁과 함께 정대근 전 농협중앙회장에게 20억원을 건넨 혐의(뇌물공여) 등으로 기소됐다.

재판부는 "원심은 탈루한 양도소득세를 계산함에 있어서 포탈세액 산정에 오류를 범했다"고 밝혔다. 이럼에 따라 지난 2008년 7월 국세청의 태광실업 세무조사에서 시발된 박연차 전 태광실업 회장의 전방위 정·관계 로비 수사가 27일 이광재 강원도지사 등 주요 피고인들의 유죄가 확정되면서 사실상 마무리 단계에 접어들었다.

박 전 회장 본인의 파기환송심이 남아있지만 포탈세액 산정을 다시 하라는 취지여서, 나머지 혐의는 유죄가 확정됐다. 전체 21명의 관련 피고인(박연차 포함) 가운데 이명박 대통령의 최측근인 천신일 세중나모 회장에 대한 대법원의 판단이 남았지만 혐의를 벗기는 힘들어 보인다.

검찰은 2008년 9월 시작한 '박연차 1차 수사'에서 노무현 전 대통령의 형 노건평씨를 구속 기소한 뒤, 이듬해 3월 "잔인한 4월"(이인규 당시 중수부장)을 예고하며 '박연차 2차 수사'를 개시했다. 검찰이 2차 수사에서 박 전 회장한테서 금품을 받았다며 기소한 사람은 모두 20명이다. 이 가운데 무죄로 판명된 이는 김정권 한나라당 의원과 이상철 전 서울시 정무부시장 등 단 2명에 불과하다. 재판 결과만 놓고 보면 대검찰청 중앙수사부의 '박연차 로비 사건' 수사는 매우 성공한 성싶다. 하지만 검찰은 '새로 교체된 권력이 검찰을 시켜 전 정권 인사들을 손보려한다'는 비판을 자초했다.

태광실업 세무조사와 관련해 의혹이 끊이지 않은 이명박 대통령의 형 이상득 한나라당 의원, 국외로 사실상 도피한 한상률 전 국세청장 등 핵심 인사들에 대한 미온적인 수사 태도도 이런 비판에 기름을 부었다.

검찰은 수사 중 노무현 전 대통령의 서거라는, 지우기 힘든 오점을 남겼다. 돈을 건넨 방법이나 물증, 진술의 일관성 등 사건의 구체적 내용에는 차이가 있지만, 검찰이 기소한 민주당 쪽 '친노' 정치인 3명(이광재·서갑원·최철국)은 직을 모두 잃은 반면, 한나라당 쪽 2명(박진·김정권)은 현직을 유지하게 된 것도 야당의 반발을 부르고 있다.

민주당에서는 '정치적 판결'이라고 크게 반발하고 있다. 민주당 측은 "박연차 게이트가 결국 엇갈린 판결로 끝났다"고 운을 뗀 후 "이는 보복 기획수사에 따른 명백한 정치적 판결"이라며 대법원 판결에 대해 강한 어조로 비판했다.

또한 박연차 게이트에 연루된 의혹으로 기소된 한나라당 박진의원만 상대적으로 형이 가볍게 선고돼 의원직을 유지하게 된데 대해 "똑같은 정황에서 돈을 건넸는데 어느 피고인에게는 무죄를, 어느 피고인에게는 유죄를 선고했다"며 형평성 문제를 제기했다.

이로써 내년 4월에 치뤄질 보궐선거 규모도 커질 수 밖에 없을 것 같은데

4.27 재보궐선거는 수도권과 강원도, 영호남으로 확대되어 대선을 앞둔 전초전 성격을 갖게 됐다. 보궐선거가 이루어지는 지역은 강원도지사(광역단체장), 성남 분당을, 경남 김해을, 전남 순천 등 국회의원 3곳과 기초단체장 2곳, 광역의원 3곳, 기초의원 5곳이다. 여기에 서울 강남을의 공성진의원과 노원갑의 현경병의원도 정치자금법위반 혐의로 2심에서 당선 무효에 해당하는 100만원 이상의 형을 받고 대법원 판결을 앞두고 있다. 서울 중구청장과 전남 화순군수도 마찬가지다. 결국 6.2 지방선거 이후 이명박 정권과 지방권력을 거머쥔 민주당에 대한 중간평가의 자리가 될 전망이다.

이에 따라 각당은 발빠르게 움직이고 있는데, 한나라당은 설연휴 이후 바로 공천심사위원회 구성, 원희룡 사무총장은 "민심을 잘 받들 수 있는 최선의 인물을 공천하겠다"고 하고 있다. 반면 민주당은 강원, 순천까지 포함되자 당혹해 하고 있지만, 설연휴 공천심사위를 구성해서 "대선으로 가는 전초전 성격, 야권연대를 통해 반드시 승리" 하겠다고 밝혔다.

이광재지사의 도지사직 상실로 가장 초점을 받게된 강원지사 선거는 벌써 후끈달아 오르고 있는데, 강원지사 한나라당에서는 엄기영 전 MBC 사장과 이계진 전 의원 등이 거론되고 있으며, 강원도 특성에 맞게 힘있는 여당 후보를 강조하고 있다. 반면 민주당은 아직 마땅한 후보가 없어 고민하고 있다. 다만 강원도 춘천 출신에 MBC 사장 출신을 지낸 최문순 의원이 본인의 의사와 상관없이 거론되고 있다.

만약 한나라당에서 엄기영 전 사장이 공천을 받고 민주당에서 최문순 의원이 나서면, MBC 선후배간 대결에 춘천고 선후배의 대결이 펼쳐지게 돼 전국적인 주목을 받는 빅매치가 될 것으로 보인다.

2011. 2. 11, mbn 출연 인터뷰

과학 비즈니스 벨트와 동남권 신공항 유치 문제가 여권내 분열 양상을 띠고 있다. 대전시장 출신인 친박계 박성효 최고위원은 이대통령 비난하며, "믿을 수 있는 대통령 되어달라"고 밝혔는데, 국책사업 유치 경쟁이 가히 전쟁 수준이다라 할 수 있다. 신공항이다, 과학벨트다, 굵직한 국책사업 유치에 지방자치단체와 해당 지역 정치인들이 '목숨' 걸고 달려드는 분위기다.

결국 내년 총선과 대선을 앞두고 각 정치주체들의 '표계산'이 깔려 있다는 분석인데, 결론이 나기까지 상당한 진통과 상처가 불가피하고 후유증도 만만찮을 것임을 예고한다. '실용적 접근'이 아니라 '정치논리'로 흐르기 때문에 이러한 현상이 나온다. 이들 사업은 이명박 대통령의 대선공약이었으며, 애당초 표계산은 그때부터였고, 지금 논란의 뿌리도 거기에 있다는 분석이다.

과학벨트 구축사업은 이명박 대통령이 대선후보 시절인 2007년 10월 충청권 공약으로 제시한 것으로, 지난해 12월 8일 '국제과학비즈니스벨트 조성 및 지원에 관한 특별법'이 국회에서 처리됐다. 연구·산업기반 구축 및 집적의 정도와 그 가능성, 우수한 정주환경의 조성 정도, 국내외 접근 용이성, 부지확보 용이성, 지반의 안정성 및 재해로부터의 안정성 등이 입지선정 요건으로 규정됐을 뿐 입지가 충청권으로 명시되지 않았다.

이 대통령은 지난달 3일 신년 특별연설을 통해 "지방경제 활성화를 위해 과학벨트 입지선정에 속도를 내겠다"며 입지 문제를 원점에서 검토하겠다는 의중을 내비쳤고, 같은 달 6일 임기철 청와대 과학기술비서관도 과학벨트 입지와 관련해 "전국을 대상으로 입지 선정기준 평가항목들을 면밀히 검토하고 있다"고 말해 과학벨트 입지 문제는 '안개속 형국'으로 빠져들었다. 특히 이 대통령이 지난 1일 '대통령과의 대화, 2011 대한민국은'이란 제목의 신년 방송좌담회에서 과학벨트 충청권 유치에 대해 "공약집에 있었던 것도 아니다"라며 "선거유세에서는 충청도에서 표를 얻으려고 제가 관심이 많았겠죠"라고 말하면서 파국은 정점을 향해 치달았다.

그러나 동남권 신공항 건설사업을 두고 청와대 고민이 깊다. 신공항 유치 문제로 여권 텃밭인 영남권이 둘로 갈라져서 티격태격하지만 해법이 마땅치 않기 때문이다. 또한 이명박 대통령의 대선공약인 데다 그동안 세 차례나 입지선정을 미뤄와 또다시 결정을 늦추기에는 부담이 적지 않다. 그렇다고 부산 가덕도와 경남 밀양 중 어느 한쪽 손을 들어주기도 어렵다. 부산은 가덕도를 대구·울산·경북·경남은 밀양이 최적지라고 주장하면서 치열한 유치 경쟁을 벌이고 있다. 여기에 내년 총선을 앞둔 해당 지역 한나라당 의원들이 유치 전에 가세하면서 사활을 건 싸움으로 치닫는 분위기이다. 이런 가운데 정부와 청와대 일각에서 오는 3월로 예정된 신공항 입지선정 평가 결과 발표를 미루거나 신공항 계획을 재검토하려는 움직임이 있다는 보도가 나오면서 일부 의원들이 반발하는 등 논란이 더욱 가열될 전망이다.

결국, 이러한 조단위의 국책사업이 정치논리화 하면서 국가의 미래까지 흔들리게 되는 결과를 빚게 되었는데, 정부의 지역눈치 보기가 소지역갈등까지 일으킨 것이다. 늦었지만, 정부는 다시 종합적으로 원칙을 갖고 검토할 필요가 있다. 우선 국토의 종합개발계획이 나와야 한다. 국책사업 사안마다 지엽적으로 검토할 것이 아니라 각 지역에 맞는 특색있는 사업을 지원하고 육성해야 된다는 것이다.

우리나라는 불균형 개발의 모범 사례라고 할 수 있다. 전 인구의 48%가 수도권에 밀집해 있으며, 지방은 계속 소외되어 가고 있다. 교육, 문화, 경제 등 지역간의 편차가 워낙 심해, 수도권으로 계속 인구는 밀려 들어오고 있고, 지방은 갈수록 낙후되어 가고 있는 실정이다. 어느 때보다 전국토의 균형발전 추진이 절실할 때이다.

이번 민주당의 재보선 승리는 여당의 민심이반에 기인한 측면이 크다. 사회적 양극화의 가속, 구제역 파동, 그리고 물가난과 집값하락까지 겹친 악재가 여당 패배에 결정적 역할 미친 것으로 보인다. 특히 최근 논란이 된 신공항 과학벨트 문제는 영남권의 여론을 흔들어 놓았다.

특히 이번 보궐선거에서는 보수층마저 등을 돌린 것으로 해석되며, 지난번 대선에서 이명박대통령에게 지지를 표방했던 40대 화이트 칼라층마저 현 정부를 냉정하게 심판했다.

집권여당인 한나라당이 구태 이미지를 벗지 못하고, 시대 변화에도 따라가지 못하고 있음을 여실히 보여주고 있다. 즉 한나라당이 구태 이미지를 벗지 못했다는 것, 결국 합리적 보수세력으로서의 자기정립을 하지 못하고 있는 것이다. 지난 지방선거에서도 한나라당은 사실상 완패했다. 구태와 부정선거 논란이 있었으며, 좌파, 잃어버린 10년 등의 구호가 이제는 통하지 않음을 보여주고 있다. 여당으로서의 새로운 희망과 비젼도 국정운영 방향으로서의 새로운 좌표를 보여주지 못한 선거였다.

　한나라당 지도부는 총사퇴 입장을 밝히고, 임태희 실장 등 청와대 참모진이 사실상 사의를 표명하는 등 당정청 지각변동이 예고되고 있다.

　재창당 수준의 전면쇄신을 요구하는 목소리가 높은 것이다. 즉 분당을 텃밭에서의 패배는 패닉 상태로 이어지고 있으며, 내년 총선에서 완패할 가능성을 예상하게 한다.

　이것은 청와대를 향한 호루라기 정치의 산물이라고 볼 수 있는데, 일단 당은 비상대책위로 꾸려나갈 것으로 보이며, 청와대의 개편과 이명박 정부 정책의 방향의 대폭 수정이 불가피하다.

　하지만 한나라당의 일대쇄신이 과연 젊은 세대를 앞에 내세워 실질적인 변화를 꾀할 것이지, 아니면 과거와 같이 무늬만 바꾸고 말 것인지 주목된다. 내년 총선과 대선을 앞두고 있기 때문에, 변혁적인 요구가 강할 것이고 내부 권력투쟁 양상으로 나타날 가능성이 크다. 즉 친이계와 친박계의 권력 갈등도 더욱 전면에 나서게 될 것이다.

청와대의 고민도 깊어질 수 밖에 없다. 친정체제 강화를 통한 정면돌파냐, 아니면 기존 기조의 전면적 쇄신이냐는 갈림길에 서게될 것이다.

이번 패배로 인해서 이대통령의 레임덕이 가시화 되는게 아니냐는 얘기들도 나오고 있다. 그러나 청와대의 분위기는 그렇게 절실해보이지 않는다 이명박 대통령은 4.27 재보선 결과에 대해 "국민의 뜻을 무겁고 무섭게 받아들여야 한다"고 말했지만, 청와대에서는 "우리는 열심히 한다고 했지만, 서민들의 불만이 많은 것이 사실이다"고 밝혀 미봉책 수준의 민심수습책이 나오지 않겠냐는 예상이다. 미봉책만 내세운다면, 레임덕은 급격히 올 것이 분명하다.

지지기반 와해가 눈에 보일 것이고, 총선을 앞둔 의원들의 반발 특히 수도권 의원들의 저항도 거셀 것으로 점쳐진다.

한나라당 지도부가 총사퇴하기로 한 가운데 '박근혜 역할론'이 부각되고 있다. 한나라당을 다시 추스릴 만한 인물은 박 전 대표 밖에 없다는 목소리들도 나오고 있다.

홍준표 최고위원은 지난 28일 "지금은 박근혜 시대"라며 "나는 박근혜 전 한나라당 대표의 보완재이지, 대체재가 아니다"고 말한 것으로 알려졌다. '대안으로서의 박근혜' 위기를 탈출할 카드로서의 박근혜 카드가 대두되고 있다.

그러나 박근혜 전 대표 입장은 소극적인 것으로 알려지고 있다. 당의 실질적 권력이 아직 청와대에 있는 상황에서 자신이 나선다고 해도 실제의 권력을 부여받을 수 있을지, 또 친이, 친박으로 양분되어 있는 한나라당 내부를 추스릴 수 있는 힘이 있을지, 혹시 유력 대권주자 가도에 위험도는 없는지 신중하게 고민하는 분위기이다.

민주당은 그야말로 잔치집 분위기이다. 특히 한나라당 텃밭인 분당을에서 처음으로 야당 후보가 당선되는 이변이 일어남에 따라 더욱 그렇다.

손학규 대표가 분당을에서 승리할 수 있었다는 것은 이명박 정부의 지지기반이 와해되고 있음을, 중산층의 불만이 매우 크다는 것을 반증한다. 또한 손대표의 전략도 주효했는데, 중산층에 호소하며, 자신의 희생, 큰정치를 보여준 것이 유권자들에게 어필한 것으로 보인다. 민주당의 텃밭인 순천에서 공천하지 않은 점, 그리고 김해을에서도 국민참여당에게 단일화 방식을 양보한 것도 야권 지지층을 결집 시켰을 것이다.

'넥타이 부대' 표심이 위력을 발휘했다. 40대의 위력을 6월 민주항쟁 이후 다시 보여주었다고 할 수 있는데, 유권자 층에서 가장 많은 분포를 보이며 그동안 선거와 정치에 냉담했던 40대층이 현재의 정치지형을 바꾸어 보려는 적극적 의지를 나타냈다. 이명박 정부와 한나라당에 경종을 울렸을 뿐만 아니라. 등을 돌렸다고 볼 수 있다.

이번 보궐선거의 최대의 수혜자는 손학규 대표라고 할 수 있다. 그동안 민주당 내에서 한나라당 출신이라는 치명적인 약점을 안고 있었는데. 분당을에서 승리함으로서 당권과 대권을 한꺼번에 거머쥐었다는 얘기까지 나오고 있다. 앞으로 손학규 대표의 지지율이 상승할 것으로 보인다.

반면 국민참여당의 유시민 대표는 패배의 쓴잔을 마셨다. 후유증이 상당히 클 것으로 보인다. 김해을 후보단일화 과정의 잡음과 아울러 대권후보로서 큰 정치를 하지 못했다는 비판도 함께 받을 것으로 보인다.

김해을 선거는 노무현 전 대통령 생가가 있는 지역에서 패배했기 때문에 더욱 상처가 클 것이다. 선거에 올인한 유시민 대표가 야권전체, 그리고 친노, 민주당 지지세력, 유동표를 확실하게 흡수하지 못한 것이다. 유시민 대표는 "제가 큰 죄를 지었습니다"라고 자신의 트위터 올리며, 당분간 자숙의 시간을 가질 것으로 알려져 있다.

후보단일화 과정에서 참여당 후보에게 유리한 방식을 고집, 참여당의 이봉수 후보가 단일화 되었지만, 소탐대실이었다는 비판에 직면해 버렸다. 특유의 승부사 기질을 발휘했지만, 주위의 원군들을 다 잃어버렸을 뿐만 아니라, 이번 패배로 참여당 간판으로는 향후 선거에서 승리하기가 쉽지 않음을 보여주었고, 민주당과의 통합압력에 직면하게 되었다.

　　반면 지난 청문회에서 거짓말 논란으로 낙마했던 김태호후
보가 재기에 성공, 나홀로 선거운동방식으로 화려하게 부활했
다.

한나라당의 변신 이루어질까

2011. 5. 9. mbn 출연 평론

황우여 의원이 원내대표로 당선되면서 한나라당 소장파들의 목소리가 커지고 있다.

또한 정의화 국회의장이 위원장으로 선임된 비대위를 다시 구성할 것을 요구하면서 당내 주도권을 놓고 충돌하고 있다. 이번 황우여호의 출범으로 "새로운 한나라"를 구성한 당내 소장파 힘을 받는 분위기인데, 청와대와 친이계와의 대립각이 불가피할 것으로 보인다.

당대표 권한 대행을 둘러싼 논쟁이나 추가 감세 문제를 두고 벌써부터 다른 목소리가 나오기 시작하고 있다. 당청관계의 변화에 벌써부터 촉각이 모아지고 있다. 신임 황우여 원내대표는 벌써부터 추가 감세철회를 적극 추진하겠다고 밝히고 있으며, 감세철회로 생기는 예산과 세계 잉여금으로 10조원의 재원을 마련해, 대학생 등록금, 젊은 부부들의 육아, 주택 정책을 펴나가겠다고 말했다. 집권여당으로서 당연한 변화인데, 사회적 양극화와 가계 부채 급증 등 재정건전성 악화로 인해 정책 변화는 필수적이다.

그러나 과연 내부의 반대를 어떻게 돌파할 지도 관심거리이다. 감세와 규제완화는 MB노믹스의 핵심 정책이다. 감세철회문제를 놓고 당청간의 치열한 싸움이 예상된다. 황원내대표는 한미 자유협정(FTA)은 무리하게 몸싸움 등으로 처리할 생각은 없다고 선을 그었다. 정부가 반대해온 전월세 부분 상한제 도입 의사도 말하고 있어 향후 당청 관계의 험로를 예고하고 있다.

이번 원내대표 경선 이후에 그동안 주류를 이루었던 친이 중심체제가 무너지고 소장파, 친박계, 친이계 중 이상득계가 느슨한 연대를 유지하면서 신 당권파가 되었다는 얘기가 나오고 있다. 이는 한나라당 내 권력 지형의 변화가 불가피할 것 같다.

당내에서는 반란이다, 혁명이다라는 말까지 나오고 있다. 그것은 대통령의 측근들로 구성되어 있는 주류가 패하고 대통령에게 비판적이었던 비주류가 당권 장악에 나서게 되었다는 것이다. 그만큼 이번 재보궐 선거가 한나라당에게 충격적이었다는 분석이다.

이런 상황을 확실히 바꾸어 놓지 않으면 공멸한다는 공감대가 형성되고 있음도 보여준다. 그러나 정치공학적 분석과 계보문제를 주요의사 결정에 놓는 분위기로 볼때 과연 소장파, 친박, 친이상득계 등의 느슨한 연대가 내년까지 계속될 지 친박 측도 소장파 지원에 나설지 조금 더 지켜봐야 할 대목이다.

하여튼 친이계는 충격에 휩싸여 있는 분위기인데, 친이계의 수장인 이재오 장관, 오늘 장관실에 출근하지 않았다고 한다. 자신의 거취를 고심하고 있는 것으로 알려져 있는데, 당으로 복귀하여 친이계의 결속을 다져 반전을 노릴 것인지, 당권에 도전할 것인지도 주목거리이다.

부산저축은행 핵심 로비스트인 박태규 씨에게
구속영장이 청구됐죠.

박태규씨에게 구명 로비자금 명목으로 거액의 금품을 받은 혐의(특정범죄 가중처벌법상 알선수재)로 구속영장이 청구됐다. 검찰에 따르면, 고위공직자를 상대로 부산저축은행 퇴출 위기를 모면할 수 있게 해달라고 청탁, 10억원 이상을 수수한 혐의이다. 박태규씨는 지난해 6월 부산저축은행에 대한 유상증자를 성사시킨 대가로 부산저축은행, 김양부회장으로부터 사례비 명목으로 6억원을 받았으며, 정관계 고위층 인사 로비자금으로 수억원을 추가(총 17억원을 부산저축은행측으로부터 받음)로 건네받아 이 중 2억원은 부산저축은행 측에 되돌려 주었다는 것이다.

　검찰이 그동안 수사가 서민금융기관의 부실경영 문제점을 점검하고, 제도를 개선하는 것이 초점이었다면, 이제부터는 박태규씨의 정관계 로비를 밝히는 데 집중하겠다고 밝혔다. 검찰 측은 박태규씨가 영남지역의 여권인사, 구여권의 유력 정치인과 친분이 있음을 인지, 박씨 귀국 이전부터의 통화내역과 자택 압수 수색을 통해, 수사를 벌여왔다. 박씨의 구속으로 일각에서는 판도라의 상자가 열릴 것이라는 관측도 내놓고 있다. 부산저축은행 핵심 로비스트 박씨의 돌연 귀국으로 박씨의 입에서 과연 어떤 정치권 인사가 나올지 주목된다.

　검찰 측에서는 여야의원들과 청와대 관계자들, 정권실세 등이 박씨와 관계를 맺었거나 만난 것으로 파악하고 있다. 부산저축은행이 5개 저축은행을 인수, 합병하며 성장하고 또 120개 가까운 특수목적 법인 인허가를 통해 몸집을 부풀린 점, 막판에는 퇴출을 피하기 위해 금융감독원은 물론, 청와대, 감사원까지 사활을 건 로비를 벌인 점 등을 볼 때, 이 과정에서 박태규씨가 자신의 정관계 인맥을 총동원해서 로비를 했을 것으로 추정하고 있다.

　검찰은 박태규씨와 통화내역이 잦았던 인물들을 대상으로 10명을 압축해서 조사하고 있다. 지난해 6월, 부산저축은행이 1000억을 투자받았을 때, 당시 금융계에서는 부산저축은행 사세가 이미 기울었다는 소문이 나돌았다. 그런데 어떻게 사세가 기운 것으로 알려진 부산저축은행에 삼성꿈장학재단과 포스텍이 500억씩 투자할 수 있었느냐, 성사시킨 인물이 바로 박태규씨였다는 소문이 나돌았다는 것이다. 그러나 박씨가 아무리 정관계에 마당발이라고 하더라도 삼성이나 포스코 같은 대기업 돈 1000억을 끌어낼 수 있겠냐. 결국 박씨 뒤에 유력자, 몸통이 있을 것이며, 그 몸통은 대재벌을 움직일 수 있는 현 정권의 실세임이 분명하다는 설이 설득력있게 나오고 있다.

따라서 검찰수사가 과연 정치검찰이라는 오명을 벗고, 박씨의 몸통 수사에 접근할 것인지, 아니면 또 꼬리 자르기식 수사 결과만 낼 것인지 궁금할 뿐이다. 지금까지 구속된 인물, 또 거론된 인물들을 보면, 부산저축은행 박연호 회장 등 저축은행 임직원들, 은진수 전 감사원 감사위원, 김광수 전 금융정보분석원장, 김해수 전 청와대 정무비서관 등으로 64명이 기소 되었다. 그러나 전반전인 수사성과는 기대에 미치지 못했다는 평가이다. 그것은 바로 검찰이 몸통을 밝혀내지 못했기 때문인데 박씨, 부산저축은행 로비 실체를 규명할 마지막 남은 핵심 고리라 할 것이다.

검찰이 곽노현 교육감 자택을 전격 압수수색하는 동시에 소환통보를 하면서 교육감 후보단일화 매수의혹사건이 정점으로 치닫고 있다. 검찰과 곽노현 교육감의 치열한 진실공방이 예상되고 있다. 검찰의 곽교육감 측 옥죄기가 본격화되었다고 할 수 있다. 검찰은 압수수색과 소환을 통해 대가성 여부에 대한 증거, 물증, 혹은 진술을 확보하려고 하는 것으로 보인다. 특히, 곽교육감이 여론의 사퇴 압력에도 불구하고 법정에까지 이 사건을 끌고가서 무혐의를 입증하려고 하기 때문에 검찰은 법정공방에 대비, 최대한의 증거자료 수집에 공을 들이고 있다.

또 검찰은 후보단일화 시 선거비용을 보전해 준다는 등의 각서 등을 확보하려고 하지만, 아직 이러한 결정적인 물증은

확보하지 못한 것으로 보이며 진술을 통한 대가성 여부만 갖고 있는 것 같다. 검찰이 물적 증거를 확보하지 못할 경우, 결국 치열한 진실공방으로 갈 수 밖에 없는데 특히, 곽교육감이 사퇴불가 입장을 확고히 하고 있기 때문에 자칫 진실공방 라운드가, 언론, 혹은 여론으로 지루하게 전개될 수도 있다.

검찰은 결국, 대가성 여부를 증명하려고 할텐데 이점이 과연 잘 이루어질지 지켜봐야 할 것 같다. 곽교육감은 어제 재차 사퇴불가 입장을 밝히면서, "제 안에서 꿈틀대는 많은 말을 접겠다"고 했다. 어떤 이야기인지 검찰측을 공격하는 검찰의 여론몰이 수사를 비난하는 내용인 것으로 보인다. 사실 이번 사건이 검찰의 입을 빌어 무차별적으로 기사화되고 있는 점에 대한 비판도 만만치 않다.

경기도 김상곤 교육감은 "무죄추정과 공표금지 원칙이 지켜질 수 있도록, 과도한 억측과 왜곡이 재생산 되는 것이 유감스럽다"고 밝혔다. 결국 이번 곽노현 교육감에 대한 수사는 정치적으로 주요한 사건으로 곽교육감이 오세훈 시장과 대립해 온 무상급식 정책이 그 명분을 잃어버릴 수 있기 때문이다. 또한 곽교육감이 취임 이후 펼쳐온 학생인권조례 등 교육개혁정책도 당분간 유보될 수밖에 없을 것으로 보인다.

10.26 서울시장 보궐선거가 이제 한달도 채 남지 않은 상황에서 어제 한나라당 김충환 의원이 불출마 선언을 했다. 나경원 최고위원으로 후보가 확정되는 것 같은데. 당내 경선없이 나경원의원으로 확정되면, 경선을 통한 시너지 효과는 기대할 수 없기 때문에 이를 한나라당이 어떻게 보완할 지 주목된다.

현재, 서울시장 보궐선거 구도는 시민후보 2명과 정당후보 2명으로 압축되었다. 아무래도 어느 정당이 드라마틱한 단일화를 만들어내느냐가 관건이다. 단일화는 플러스 알파 효과, 지지자들을 결집시키고, 당선가능성을 예고하기 때문이다.

야권은 10월 3일, 경선대회를 하기로 합의 했는데, 여권은 아직 단일화에 대한 논의가 진전되지 못하고 있다.

범야권 후보의 경우, 현재 민주당 서울시장 후보로 선출된 박영선의원을 비롯해 시민사회단체 후보로 나온 박원순 변호사, 그리고 민노당 최규엽 후보의 3파전으로 좁혀졌다.

박영선후보는 지난 일요일 민주당 경선대회 이후 탄력을 받고 있으나. 과연 박원순 변호사에 비해 월등히 떨어지는 대중 지지율을 어떻게 끌어올릴 지가 관건이다.

반면 박원순후보는 기존 정치권에 식상한 시민들의 광범위한 지지 및 변화와 혁신을 바라는 시민들의 지지를 받고 있기 때문에 현재로서는 선전이 점쳐진다. 하지만, 민주당의 조직표가 결집된다면 예측불허의 싸움도 예상된다.

박영선후보는 방송기자 앵커 출신으로 재선의원이다. 민주당 정책위의장으로서 청문회 등에서 날카로운 질문으로 후보자들을 곤경에 빠트린 지난 대선에서 BBK 저격수로 알려져 있다.

박원순 변호사는 인권변호사 출신으로 2002년도 부패 정치인 낙천, 낙선 운동을 주도했으며, 아름다운 재단, 희망제작소 설립 등 시민운동을 주도한 인물이다. 또한 안철수교수의 지지를 받고 있는 점도 특징이다.

서울시장보궐선거, 이제 시간이 채 한달도 남지 않았는데 현재는 여권이 크게 유리한 상황은 아닌 것 같다. 박근혜 전

대표의 지원이 하나의 변수이나 보수층의 총집결을 어떻게 이루느냐, 또 이석연 변호사와의 단일화를 어떻게 이루느냐, 단일화 이후 여·야가 어떻게 힘을 결집시키느냐가 선거 승패의 관건이 될 것이다.

이번 10.26 서울시장 보궐 선거는 정권심판론과 복지논쟁(오세훈 전 시장 무상급식투표)이 쟁점이 될 것으로 보인다. 또한 손학규, 박근혜 지원과 함께 돌풍을 일으키고 있는 안철수 교수와의 대선 전초전 성격을 갖는다. 이외에도 주목할 만한 점은 10.26 서울시장 보궐선거에 각각 독자후보를 낸 진보·보수 양대 시민사회단체의 움직임이 활발해지면 시민단체발 정계개편 가능성도 점쳐진다.

이번에 양 시민단체들이 소기의 성과를 낸다면, 자연스럽게 그러한 세력이 형성될 것 같은데 특히, 기존 정당의 구태의연한 권력욕적이고, 이기적으로 비춰지고 있는 정치현상에 많은 국민들이 실망했기 때문에 귀추가 주목된다.

한국사회에서 민주화 이후 시민사회세력이 성장하고 있음이 분명하고 이들이 시민사회의 발전을 위해 정치권으로 진출해야 한다는 의견들이 자연스럽게 표출되고 있는 상황이다. 결국, 이번 보궐선거가 하나의 주요한 지렛대가 될 것으로 보이는데, 두 명의 시민단체 출신 후보들이 어느 정도 시민들의 지지를 이끌어내느냐 시민사회단체의 정치진출, 내년 총선과 대선에 미치는 영향의 바로미터가 될 전망이다. 만약, 시민단

체 후보들이 선출되어 시장이 된다면 일대의 지각 변동이 일
어날 것이며, 이는 기존 정당의 최대 위기로서 정개개편 내년
총선의 새로운 흐름이 나타날 것으로 보인다.

박원순후보가 무소속 출마를 결심한 배경은 이번 안철수 돌풍으로 확인된 기존 정당에 대한 국민의 불신 때문이다. 박원순후보는 민주당 입당을 선택하지 않고, 시민후보로서 이미지를 계속 가져자는 것이 선거에서의 승리를 가져올 수 있다고 보는 것 같다. 또 야권 통합후보로서, 민주당의 적극성만 끌어낸다면 중도세력 등 정당을 선호하지 않는 층으로 외연을 확대할 수 있다고 판단하고 있다.

그러나 문제는 민주당등의 조직적 지원, 민주당 당원들의 밑바닥 민심을 잡아낼 수 있느냐가 관건이 될 것이다. 여기에 야권통합경선에 자발적으로 참여했던 30~40대 시민들의 새로운 정치, 새로운 변화의 바람을 어떻게 끌고 가느냐도, 박후보의 승부수가 될 것이다.

일반적으로 무소속 후보는 조직적 측면이 약하기 때문에 선거에 불리하다는 것이 정석이다. 그러나 안철수 돌풍을 안고 있는 박후보로서는 젊은 층들을 중심으로 한 SNS의 파괴력이 발휘된다면 폭발성이 예고 된다.

민주당 손학규 대표는 "민주당의 당적을 가지든 안 가지든 박 후보는 민주당 후보"라며 전폭적인 지원을 약속했지만 당내 이견은 아직 있다. 사실, 박원순 후보가 시장이 될 경우 민주당의 힘은 급속도로 약화될 것이라는 우려, 내년 총선과 대선에서 민주당이 중심으로 할 수 있는 일은 적어질 것이라고 보고 있다.

야권에서의 커다란 지각변동, 구도변화가 필수적이라고 볼 수 있다. 그러나, 다른 측에서는 안철수 바람은 거스를 수 없는 대세이며, 국민들이 직접 정치를 하겠다는 과거와 같이 믿지 못할 대리인에게 맡기지 않겠다는 실현정치의 흐름이 나타나고 있다.

따라서, 이러한 흐름을 잘 알고 박후보가 당선될 수 있도록 도와주는 것이 민주당이 다시 살아날 수 있는 길이며 향후 야권대통합에서 주도권을 가질수 있다는 의견이 강하다.

한나라당도 이번 선거에서 총력전을 펴고 있다. 현 정부 출범 이후 처음으로 친이, 친박계가 손을 맞잡았다. 한나라당도 내년 총선과 대선을 앞두고 커다란 위기에 봉착하고 있으며 안철수 돌풍과 박원순 바람에 박근혜 전 대표의 대세론이 흔들거리고 있다. 또한 최근 이어지고 있는 측근비리와 사회적 양극화 현상, 뛰는 물가 등으로 민심은 급속도로 이반되고 있다.

따라서 이번 보궐선거에서 패한다면, 레임덕현상은 가속화될 것이고, 내년 총선과 대선의 전망은 매우 어두어질 것이 분명하다.

박근혜 전 대표의 선거지원 결정으로, 계파별 분열없이 총력전을 펼치고 있는데, 과연 어떤 선택을 국민들이 할 지 지켜보야 할 것 같다.

박근혜 전 대표가, 선거지원에 나선다고 함에 따라 어느 정도 파급력이 있을지 관심이 모아지고 있다. 박근혜 입장에서는 혹시 대선 전초전으로 나아가 자신의 대세론이 흔들릴 지 모른다는 부담이 있을 것으로 보인다.

박근혜가 지원에 나서는 순간, 박근혜 대 안철수라는 대선 전초전 성격이 부각될 것으로 보이기 때문이다. 안철수 돌풍의 위력이 전혀 사라지지 않고 있어 더 부담이 갈 수 있다. 그래서 박근혜 측에서는 단순히 서울시장 선거만 지원하는 것이 아니라, 전국을 순회하여 유력 대권주자로서의 면모를 보이려 한다.

박 전 대표는 정당정치의 중요성을 강조하며 뛸 것으로 보

인다. 하지만 만약 자신이 적극 지원한 서울시장선거에서 나경
원후보가 패배한다면 수도권에서 박근혜 대세론이 크게 위협
받을 수밖에 없다.

한미 FTA 비준안 처리, 난망

2011. 11. 1. mbn 출연 인터뷰

한미 FTA 비준 동의안 처리에 관해 여야합의가 원만하지 않다. 야당이 문제로 삼고 있는 것은 ISD인데, 투자자 국가 소송제도인 ISD는 투자한 기업이 현지에서 불이익을 당했다고 판단했을 때, 국제 중재기관에 제소하는 제도이다.

민주당은 이 조항이 독소조항으로서, 대한민국의 사법주권을 침해할 뿐아니라 국내산업의 보호에 악영향을 미칠 것이라고 주장하고 있다.

반면, 정부와한나라당은 관행적인 제도로서 한국기업이 미국에 투자할 때도 동일하게 적용되기 때문에 문제될 것이 없다고 밝히고 있는 입장이다.

민주당측은 독소조항에 대한 재합의가 이루어지지 않으

면, 합의해 줄 수 없다는 입장인데, 한나라당은 강행처리도 불사한다는 뜻을 비치고 있다.

사실, 여야 공히 국가의 미래를 결정할 수도 있는 한미 FTA 비준안에 관한 심도 있는 토론, 고민이 적었던 것이 분명하다.

여당은 미국의회의 비준만 떨어지면 밀어부쳐서 한국국회에서 비준안을 통과시키려 했던 것 같다, 그래서 자동차 부분에 대해 만족할 만한 협상을 했다고 판단한 미 의회가 일사처리로 통과시키지자, 부랴부랴 서두르는 느낌을 지울 수 없다.

야당 역시 미 의회만 쳐다보다가 국내 산업에 대한 보호, 특히 한미 FTA 발효 후 가장 큰 피해를 입을 농수축산업에 대한 보호정책, 지원책 등에 대해서는 소홀히 했다. 국내 여론이 안 좋아지지자 반대로 급선회한 것 같다. 더욱이 아직도 여야의원들이 한미 FTA 협상안에 대한 면밀한 검토도 없었다고 하니 걱정이다.

한미 FTA는 한마디로 한국과 미국과의 무역거래에서 관세를 없애는 조약이다. 기존에는 국내산업 보호 차원에서 미국에 비해 경쟁력이 떨어지는 품목에 대해서는 높은 관세를 매겨왔다. 이럼에 따라 국내산업이 성장할 수 있는 시간과 기반을 만들어 왔다. 그러나 이제, 정부가 추진하고 있는 한미 FTA 조약이 양국간 발효되면 극히 일부의 품목만을 제외하고는 한·미 양국 시장에 무방비로 노출되게 된다. 결국 경쟁력

있는 품목, 산업만이 남게 되는 것이다.

여기서 우리가 신중하게 고민해야 할 부분이 있다. 과연 한국의 산업이 미국과 자유롭게 경쟁할 수 있을 만큼 성장했느냐는 점이다. 물론, 전자, 자동차 부분은 치열한 경쟁을 할 수도 있지만, 대다수 품목은 아직 시기상조라는 점이다. 더욱이 대기업에서도 반드시 한미 FTA를 선호하는 것은 아니다. 어떤 기업 역시 세계시장 뿐 아니라 국내시장에서도 미국의 초 다국적 기업과 살벌한 경쟁을 해야하기 때문이다. 이를 단순히 경재력을 키워야 살아남는다는 자본주의 윤리로 치장할 수는 없다. 과연 물리력과 경험, 인적자원이 풍부한 다국적 기업과 경쟁하고 싶어하겠는가. 특히 국내의 중소기업과 지식산업, 문화사업 등의 폐해가 눈에 보일 수도 있다.

또 이명박 정부는 한미 FTA문제를 굳건한 한미동맹으로 가는 길이라고 설명한다. 사실 맞다. 한미 FTA가 발효되면, 미국과 한국은 동아시아에서 정치적, 군사적 동맹수준을 넘어 경제적 공동체로 갈 확률이 넘다. 그러나 과연 이러한 점이 우리 대한민국에 득만 될 것으로 판단할 수 있을까. 남북의 대치상황과 미국의 적극적 지원만 강점으로 작용할까. 이외에도 미국의 동아시아 전략에서의 한국의 위치는 무엇일까. 미국 대외정책의 주요한 첨병기지로 한국이 위치되는 것은 아닌지 우려된다. 한반도를 중심으로 한 강대국들의 이해관계는 첨예하다. 특히 중국과 미국은 한반도에서의 군사적 우위를 점하기 위해 서로 경쟁하고 있다. 러시아는 미국의 진출을 반기고 있지 않다, 미국의 속셈은 결국, 한국과 FTA조약 체결로 군사적 동맹관계를 넘어선 경제적 공동체로까지 나아가려 한다. 그래서 미국에 대한 종속문제까지 거론되는 것이다.

한미 FTA는 노무현 참여정부시절부터 추진되었다. 당시의 관계자들은 한국은 통상무역으로 경제적 지평을 넓혀 갈 수밖에 없기 때문에 미국과의 FTA체결을 진행했다는 것이다. 물론, 당시의 국제 경제질서는 미국의 금융자본 중심 하에 신자유주의 물결이 대세였고, 미국의 금융자본 위력은 대단했다.

그러나 최근들어 상항은 매우 바뀌고 있다. 신자유주의의 폐해 및 그 실패가 드러나 있으며, 1%의 이득만을 취하게 하는 미국금융질서의 붕과마저 점쳐지고 있는 상항이다. 더욱이 미국의 경제는 급속도로 하락하고 있다. 이렇게 변화하고 있는 국제 경제 질서 하에 미국에 의존하는 경제조약은 과거의 기대와는 상반된 결과를 나타낼 수 있다. 즉 한국경제에 도움을 주는 효과보다 오히려 불리한 상황까지 나올지 모른다는 것이다.

이러한 여러 가지 점을 고려해 볼 때 한미 FTA 비준 동의는 좀더 신중하고 또한 시기를 더 보아야 한다는 여론이 팽배하다. 더욱이 ISD 등 독소조항이 버젓이 살아있는 협정이 과연 어느 나라 국민을 위한 것인지도 의문이 갈 수밖에 없다. 대한민국 국민의 삶을 향상시키는 조약인지, 혹시 미래의 우

리 후손들에게 씻지 못할 역사의 오명을 남기게 되는 것은 아
닌지, 심각하게 숙고해야 할 것이다.

어제, 한나라당은 전격적으로, 마치 군사작전을 방불케 하듯 한미 FTA 비준안을 기습 날치기 처리했다. 청와대의 거센 압력이 있었을 것이며, 미국 역시 비준안 처리를 종용했을 것으로 보인다. 민주당 내에서도 한미 FTA 비준안에 대해 내부 이견이 있었음에 따라, 비준안 저지에 야당이 총력을 모으지 못했다. 이날의 기습처리를 당에서 지휘한 인물은 홍준표 대표인데, 홍대표는 기습처리할 날짜만 보고 있었을 것이다. 전날 핵심 지도부가 합의하고, 박근혜 전 대표에게도 통보한 것으로 알려져 있다.

어제의 표결을 보면 재적 170명에 찬성 151명, 반대 7명,

한·미 FTA 비준안 찬성한 국회의원 151명

강길부
(울산 울주)

강명순
(비례대표)

강석호
(영양·영덕·봉화·울진)

강성천
(비례대표)

강승규
(서울 마포갑)

고승덕
(서울 서초을)

고흥길
(성남 분당갑)

구상찬
(서울 강서갑)

권경석
(창원갑)

권성
(강

김성회
(화성갑)

김세연
(부산 금정)

김소남
(비례대표)

김영선
(고양 일산서)

김영우
(포천·연천)

김옥이
(비례대표)

김장수
(비례대표)

김정권
(김해갑)

김정훈
(부산 남갑)

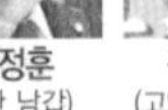
김태
(고양

박대해
(부산 연제)

박민식
(부산 북·강서갑)

박보환
(화성을)

박상은
(인천 중·동·옹진)

박순자
(안산 단원을)

박영아
(서울 송파갑)

박종근
(대구 달서갑)

박준선
(용인 기흥)

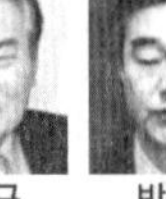
박진
(서울 종로)

배영
(대구 중

신지호
(서울 도봉갑)

심재철
(안양 동안을)

안경률
(부산 해운대·기장을)

안상수
(의왕·과천)

안홍준
(마산을)

안효대
(울산 동)

원유철
(평택갑)

원희목
(비례대표)

유기준
(부산 서)

유승
(대구

이명규
(대구 북갑)

이범관
(이천·여주)

이범래
(서울 구로갑)

이병석
(포항 북)

이사철
(부천 원미을)

이상권
(인천 계양을)

이상득
(포항 남·울릉)

이성헌
(서울 서대문갑)

이애주
(비례대표)

이영
(비례

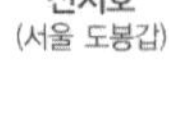

이철우
(김천)

이춘식
(비례대표)

이학재
(인천 서·강화갑)

이한구
(대구 수성갑)

이한성
(문경·예천)

이해봉
(대구 달서을)

이혜훈
(서울 서초갑)

이화수
(안산 상록갑)

임동규
(비례대표)

장윤
(영

정옥임
(비례대표)

정진섭
(경기 광주)

조문환
(비례대표)

조원진
(대구 달서병)

조윤선
(비례대표)

조전혁
(인천 남동을)

조진래
(의령·함안·합천)

조해진
(밀양·창녕)

주광덕
(구리)

주성
(대구

한선교
(용인 수지)

허원제
(부산 진갑)

허천
(춘천)

허태열
(부산 북·강서을)

홍일표
(인천 남갑)

홍준표
(서울 동대문을)

황우여
(인천 연수)

황진하
(파주)

김용구
(비례대표)

 …세 (…등포을)
 권택기 (서울 광진갑)
 김기현 (울산 남을)
김동성 (서울 성동을)
 김무성 (부산 남을)
 김선동 (서울 도봉을)
 김성동 (비례대표)
 김성수 (양주·동두천)
김성조 (구미갑)

 …호 (…을)
김태환 (구미을)
 김학송 (진해)
김학용 (안성)
 김형오 (부산 영도)
 김호연 (천안을)
나성린 (비례대표)
 남경필 (수원 팔달)
 박근혜 (대구 달성)

 …은희 (…대표)
백성운 (고양 일산동)
 서병수 (부산 해운대·기장갑)
 서상기 (대구 북을)
 손범규 (고양 덕양갑)
 손숙미 (비례대표)
 송광호 (제천·단양)
 신상진 (성남 중원)
 신영수 (성남 수정)

 …일호 (…송파을)
 유재중 (부산 수영)
 유정복 (김포)
 유정현 (서울 중랑갑)
 윤상현 (인천 남을)
 윤석용 (서울 강동을)
 윤영 (거제)
 윤진식 (충주)
 이두아 (비례대표)

 …윤성 (…남동갑)
 이은재 (비례대표)
 이인기 (고령·성주·칠곡)
 이정선 (비례대표)
 이정현 (비례대표)
 이종구 (서울 강남갑)
 이종혁 (부산 진을)
 이주영 (마산갑)
 이진복 (부산 동래)
       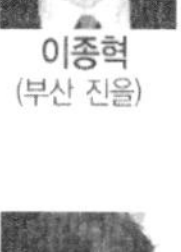 

…제원 (…사상)
 전여옥 (서울 영등포갑)
 전재희 (광명을)
 정갑윤 (울산 중)
 정두언 (서울 서대문을)
 정몽준 (서울 동작을)
 정미경 (수원 권선)
 정수성 (경주)
 정양석 (서울 강북갑)

…호영 (…수성을)
 진성호 (서울 중랑을)
 진수희 (서울 성동갑)
 차명진 (부천 소사)
 최경환 (경산·청도)
 최경희 (비례대표)
최구식 (진주갑)
최병국 (울산 남갑)
한기호 (철원·화천·양구·인제)

—————— 미래희망연대(5명) ——————

 이인제 (논산·계룡·금산)
 이회창 (홍성·예산)
 조순형 (비례대표)
 김정 (비례대표)
 김혜성 (비례대표)
 노철래 (비례대표)
 송영선 (비례대표)
  윤상일 (비례대표)

(가나다순)

기권 12명인데, 물론 민주당 의원들은 표결에 참여하지 않았고, 한나라당 의원 중 유일하게 농촌출신인 황영철의원과 자민련 소속 의원들이 반대표를 던졌다.

또한 지난해 12월 예산안 강행처리 이후 "의원직을 걸고 몸싸움에 동참하지 않겠다. 만약 몸싸움에 동참하게 되면 19대 국회에 출마하지 않겠다"고 했던 의원들이 어떻게 했는지가 궁금해지는데, 정병국, 홍정욱, 권영진, 진영의원은 불참했고, 임해규, 김석식, 김성태, 정태근, 현기환의원은 기권, 나머지 의원들은 찬성표를 던졌다. 또한 어제 비준안 처리시 회의가 비공개로 열렸는데 한나라당에서는 만약 불상사가 일어나면 그런 모습을 국민에게 보여주기 싫어서 비공개로 했다고 한다. 언론 취재까지 봉쇄된 상항에서 날치기 처리한 것이기 때문에 국민의 알 권리까지 막은 조악한 일로 보인다.

허를 찔린 민주당은 강력 반발하고 있지만 손 한번 쓰지 못하고 당했다는 측면에서 무력감을 벗어나기 힘들 것으로 보인다. 더욱이 전혀 대비조차 없었다고 하는데, 김진표 원내대표는 오전에 황우여 원내대표의 협상결렬 통보에도 불구, 손대표 등 다른 지도부에게 알리지 않았다고 하며, 한나라당이 의총장을 본회의장 옆 예결의장으로 옮김에도 전혀 예상하지 못했다는 것은 이해가 가지 않는 대목이다.

따라서 참여정부에서 협정 체결, 논의한 FTA 비준안 처리

반대에 일부의원들이 부담감을 갖고 있었고, 확실히 막을 의사가 과연 있었느냐는 의심까지 사고 있다.

어제 민노당의 김선동의원은 국회의장석에 최루액을 살포해 혼란이 있었다. 이를 두고 온라인 상에서는 찬반 양론으로 나뉘었다. 한나라당측에서는 형법상 국회의장 모욕죄다라고 반발하고 있다. 반면 김선동의원은 윤봉길 의사의 심정으로 최루액을 살포했다고 주장하고 있는데, 이는 이승만 정권 시절 김두환의원이 국회에 오물을 투척한 사건을 기억나게 한다.

이후 정국은 경색이 불가피할 것으로 보인다. 민주당은 예산안 참여 거부를 선언했고 거리에서의 집회와 한미 FTA 무효화 투쟁에 나서겠다고 밝혔다. 사실상 야당이 등원할 명분은 사라졌으며, 18대 국회의 기능은 사라졌다고 보아야 할 것이다. 국민들 역시 더 이상 18대 국회에 거는 기대를 접을 것이다.

총체적 위기에 직면한 한나라당.

최고위원 중 유승민, 남경필, 원희룡 의원이 어제 전격 동반사퇴하면서 홍준표호(號)가 난파된 것이 아니냐, 또 여당 유력 대권주자인 박근혜 전 대표가 당 운영 전면에 등장할 것인지 주목되고 있다.

한나라당은 최근 중앙선관위 사이트에 대한 디도스 공격, 이에 따른 여론의 비난과 한미 FTA 날치기 처리 등 밀어붙이기식 국정운영이 국민들의 분노까지 불러오고 있다는 사실에 전전긍긍해왔다. 이에 따라 3명의 최고위원이 동반사퇴하는 카드를 던졌는데 이들은 뭔가 대대적인 혁신적 개혁 없이는 내년 총선, 대선이 어려워지고 있다고 보는 것 같다.

실제 현재의 한나라당 간판으로 집권 여당의 기능조차 할
지 의문이다. 이럼에 따라 재창당, 신당창당 등의 논의가 이
루어지는 것 같은데, 유력한 카드로 박근혜 전 대표가 전면에
등장해야 된다는 이야기가 나온다.

박근혜 전 대표도 이런 상황에서 대선을 치룰 수 있을지
고민할 수밖에 없을 것 같다. 빠른 시일 내에 당의 전면적 쇄
신을 걸고 앞에 나설 것으로 보인다. 그러나 내년 총선의 공
천권 문제가 있기 때문에 당내 계파간의 갈등이 불을 보듯 뻔
하고 이명박 대통령과의 대립각을 어떻게 소화해 낼지도 의문
이다. 이미 민심은 이명박 정부를 떠났다고 보는 것이 일반적
이지만, 권력 내부의 역학관계와 치열한 권력투쟁에서 박근혜
전 대표가 전권을 쥐고 총선을 진두지휘할 수 있을지 우려된
다.

또한 내년 총선에서 박근혜 전 대표가 사령탑을 맡아 패배
한다면 박 전 대표의 대권가도에 치명상을 입을 수 있기 때문
에 더욱 그렇다. 하지만 한나라당 입장에서는 딱히 위기의 국
면을 돌파할 방책도 없어 보인다. 그나마 대중적 지지도가 있
는 박근혜 전 대표 전면 등장 카드를 선택할 수 밖에 없다는
것이다. 영남권에서의 박 전 대표의 지지도는 여전히 살아있지
만, 수도권에서는 상당부분 하향 추세이기 때문에 박 전 대표
의 카드는 고육지책이라고 볼 수밖에 없다. 그러나 한나라당
이 재창당을 하든 박근혜 전 대표 카드를 내놓든 가장 중요한

본질을 놓친다면 국민들은 결코 믿지 않을 것이다. 그동안 국민들은 선거 때마다 당명 바꾸는 이미지 현혹 정치의 정체를 이미 알아버렸기 때문이다.

중요한 것은 불통의 상징인 현 정당구조의 혁신, 국민 삶의 문제를 해결할 수 있는 정당, 노쇠한 정당이 아니라 젊은 층들이 적극 참여할 수 있는 개방형 정당 틀의 확립 등 기존 정당의 내용과는 완전히 다른 새로운 정당의 모습의 진정한 구현이 더욱 중요할 것이다.

또한 부자증세문제도 더욱 전향적으로 검토해야 할 사안이다. 부자증세는 고소득자 세금 인상, 즉 고소득자의 세율을 높이자는 방안이다. 이는 결국 사회적 양극화의 심화에 따른 불균형을 시정하자는 방안으로 한나라당 쇄신파가 주장하고 있다. 내용을 살펴보면 고소득 구간 신설 2억원, 그리고 세율 35%에서 40%로 인상하자는 것이다.

부자증세는 작년 미국의 부자 워런 버핏(세계 3위 부자)이 주창한 것으로 재정적자 감축대책의 한 방편이다. 워런 버핏은 미국 정부가 부유층에게 더 많은 세금을 부과해야 한다. 돈을 굴려 버는 사람들이 노동하고 돈을 버는 사람보다 세율이 훨씬 낮다며 자본소득 최고세율을, 근로소득 최고세율인 35%까지 높여야 한다고 주장하고 있다. 한나라당 역시 부자 정당이라는 이미지 불식이 있다. 이명박 정부 하에서 90조원

정도의 부자감세 정책으로, 조세부담률이 2007년 세수 21%에서 작년 19.3%로 떨어졌다는 비판이 있다. 조세의 소득재분배 기능이 약화되고 근로의욕을 떨어뜨리고 있다는 비난에 직면해 있다.

OECD에서도 주요 선진국의 빈부격차가 빠른 속도로 증가함에 따라 부자증세를 통해 빈부격차를 줄여야 한다고 회원국에게 권고하고 있는 실정이다. 따라서 부자증세를 통한 세수창출로 빈부격차를 해소하고, 복지 예산을 더 늘려야 한다는 주장이다.

아마도 노블레스 오블리즈 라는 말이 이렇게 새롭게 느껴지는 나라도 없을텐데, 최근 안철수 교수가 자신의 재산 15억 원을 아무 조건 없이 사회에 기부한다고 했을 때, 속칭 사회의 지도층이라는 인사들은 어떻게 받아들이고 있는 지 궁금하다.

CHAPTER 4

시민 정치 참여의 실험
마포 **월요정치살롱**

단순히, 시민정치가 정당정치를 이긴 것인가?

민주당의 조직동원에 차질이 생긴 것인가?

민주당 내 반란표가 생기고 SNS의 위력을 보여준 것인가?

아니면, 박원순 캠프의 전략과 전술이 뛰어났던 것인가?

급조된 박원순 캠프, 선거경험이 많은 지략가나 서울전역을 일사분란하게 움직일 조직기반이 튼튼하지 않았음은 이미 알려진 사실이었다. 그런데 어떻게 거대 야당을 상대로 박원순 개인이 이길 수 있었던 것인가. 박원순 변호사는 선거운동기간 내내 자신을 둘러싼 의혹공세에도 불구하고, 시민과의 소통, 그리고 서울시민들이 원하고, 바라는 시장이 되겠다고 역설했다. 자기자신이 잘나서 서울시장이 되겠다는 말은 입에 담지도 않았다.

하여튼 박원순이 야권의 통합단일후보가 되었다. 이제는 집권여당 나경원후보와의 승패가 초미의 관심사가 될 것이다. 그러나 그 승패의 결과보다 더욱더 중요한 것이 있다. 기존 정치질서에 대한 국민의 반란, 시민들의 반란이 예고되고 있다는 점이다.

이미 이러한 징조는 최근들어 지속적으로 이어져왔다. 2002년의 노풍, 2008년의 촛불집회, 또 아직도 꺼지지 않는 안철수 신드럼. 공통점은 기존의 구태의연하고 자신들의 이해관계에만 충실한 정당, 정략적 정치인들을 믿지 못하겠다는 것이다.

그것은 도식적 이념논쟁에만 충실한 진보진영을 향해서도 마찬가지이다. 우리들을 진정으로 대변해 줄 세력, 대리인이 없기 때문에 우리들이 직접 나설 수 밖에 없다는 것이다.

아니 이러한 국민들의 인식은 이전부터 한반도를 통치해왔던 이율배반적인 지배세력의 행태를 보면서 형성된 잠재의식의 발로일지도 모른다. 조선 말기 타락하고 무능한 지배세력이 일본에게 나라마저 팔아넘기는 작태를 우리 국민들은 목도해왔다. 해방 이후 서양의 대의제 민주주의가 채택되어 60년 이상이나 그 제도를 차용해 왔지만, 국민에게 부여받은 권력을 자신들의 이해관계에만 휘두르는 그 모습에 지쳐버렸을 수도 있다.

이제, 그 꿈틀거림이 정보의 공유화를 통한 제3의 언론으로 자리잡고 있다. 제도권 언론을 통한 작위적 여론형성은 이미 그 한계를 드러내고 있다. 물론, 이러한 예고된 반란이 바로 내년 총선이나 대선에 직접적으로 가시화 되지 않을 수도 있다.

그러나 현 정치권과 진보진영이 단순한 경고 정도로만 받아들여 이벤트성 전시효과적 정치만을 계속 보여준다면, 정치적 혼란과 격변의 소용돌이는 계속 진행될 것이고, 그것은 그대로 국민의 고통으로만 가중될 것이다.

그러면, 새로운 희망을 국민들은 찾아낼 것이다.

안철수 신드럼을 안철수 개인으로만 바라보아서는 최근의 이 격랑을 이해하지 못할 것이다. 살기가 너무 어렵고 삶의 희망이 보이지 않는다는 것이 이 사회의 대다수 여론이다. 그 삶의 희망을 기존 질서에서 찾기 싫다는 것이 안철수 신드럼의 요체이다.

우리가 만들 수 있고, 만들어 나가겠다는 것이다.

새로운 질서에 대한 예고이다.

그러나 이 예고를 겸허하게 받아들이지 못하고 계속 기득권만을 고집하며 그들의 고통을 형식적으로만 받아들인다면 그 결과는 불을 보듯 뻔하다. 죽은 공명만을 찾으며 지지를 호소하고 단결만을 외친다면, 예고된 반란의 현실화는 앞당겨질 것이다.

시민들의 정치참여, 소통의 정치 공간
마포 월요정치살롱

시민들의 자발적 정치참여를 위한 모색

새로운 실험을 성미산공동체 마을사람들이 2010년 10월부터 시작했다. 지금까지 총 7회에 걸쳐 이루어진 마포 월요정치살롱은 밑에서부터 소통의 정치, 주민참여의 정치를 실현한다는 취지에서 진행되고 있다.

2010년 10월 11일 저녁 8시에 처음으로 문을 연 월요정치살롱은 처음으로 진보신당 심상정 전 대표를 초청하여 진보진영의 과거와 미래에 대한 이야기를 들었다. 월요정치살롱은 1부에서 토크쇼 형태로 진행하고, 2부에서는 플로어에서의 질의와 활발한 토론으로 진행했다. 심 전 대표에게는 주로 야권연대와 정치통합문제, 아직도 진보진영이 한국대중사회에 착근하지 못하고 있는 이유, 민노당과의 분당 이후 재통합 논의에 대한 질의와 토론이 이루어졌다.

두 번째 초청자는 민노당의 이정희 대표였는데 추운 겨울 날씨에도 불구하고 많은 사람들이 참석, 이정희 대표에 대한 관심을 느낄 수 있었다, 이정희 대표에게는 주로 정치에 입문하게 된 동기와 남북관계에 대한 질문이 쏟아졌다. 특히 연평도 사건을 바라보는 이대표의 생각과 앞으로 남북관계를 어떻게 풀어나갈 것인지도 함께 고민하는 자리였다. 역시 진보신당과의 통합문제도 참석자들의 관심거리 중 하나였다. 특히 소수정당의 한계와 탈피방안, 2012년 총선과 대선을 맞아 어떻게 야권연대를 만들어 나갈 것인지도 집중적인 질문대상이었다.

세 번째 초청자는 민주당의 젊은 정치인 이인영 최고위원이었다. 이인영 최고위원에게 거는 기대가 많은 만큼, 지역의 민주당 당원들의 참여율도 높았는데, 이인영 최고위원의 소신 있는 발언과 원칙이 참여자들에게 호감을 주었다.

네 번째는 "세금혁명당"으로 온라인에서 폭발적 관심을 모으고 있는 선대인 부소장이었다. 선대인 부소장과는 세금혁명당이 온라인에서 나름대로 관심을 모으고 있는 이유와 그 취지에 대한 질문이 있었다. 그것은 월요정치살롱의 취지에 맞게 시민들의 정치에 대한 자발적 참여에 대한 고민거리에서 나온

문제 의식이기도 했다. 선대인 부소장은 시민혁명당이 정치권에 압력을 가해 변화를 이끌어 내는 대중 정치압력 조직을 지향한다고 밝혔다.

다섯 번째 초대 인물은 천정배 최고위원이었다 민주당 내 개혁을 줄곧 주창해 온 천정배 최고위원은 민주당 개혁특위원장답게 2012년 공천에 관한 개방성과 투명성을 강조하는 자리였다.

중앙정치인보다 지역의 일꾼을 초청해 함께 토론해 보자고 초청한 여섯 번째 인물은 오진아 진보신당 구의원이었다. 오진아의원에 대한 애정은 남다른데 마포 지역의 시민단체들이 지난번 지방선거에서 힘을 모아 당선시킨 인물이었다. 오진아의원은 진보진영으로서 처음으로 들어가 구의회에서 활동하는 어려움, 지방자치의 향후 방향에 관해 진지한 토론이 있었다.

정치가 불신받고 정당정치가 흔들리는 이 시점에서 성미산 공동체가 추진하고 있는 주민참여 정치 소통의 공간 "마포 월요정치살롱"은 소중한 실험이고, 향후 한국정치의 새로운 모델을 만들어 나갈 시금석이 될 것이다.

보도자료

마포지역 주민참여 정치를 위한 '월요정치살롱' 스탭진
010-2293-0799(위성남)/ 011-441-2541(김성섭)/010-7177-6719(유용화)

성미산 공동체, 주민 참여를 통한 새로운 정치실험 모색

마포지역 성미산 공동체 주민들을 중심으로 참여정치의 새로운 장이 모색된다. 지난 6월 지방선거를 통해 자발적 정치 참여의 새로운 실험을 경험했던 마포지역 주민들을 중심으로 아래로부터의 정치담론을 실현하고 이를 통해 한국민주주의 근간과 실질적 참여정치의 토대를 만들어 본다는 취지이다.

10월 11일 처음으로 열리는 "월요정치살롱"에서는 한국 진보정치의 방향을 논의한다는 취지로 심상정 전 진보신당 대표를 초대한다. 시사평론가 유용화씨가 진행을 맡게 될 이 자리에서는 진보정치의 방향과 함께 진보정당이 아직도 주민들의 생활과 내용에 결합하지 못하고 있는 현실 진단, 그리고 2012년 대선을 맞아 진보진영의 역할에 대해 주민들의 의견을 가감없이 토로하는 자리가 될 것으로 보인다.

이번이 첫회인 "월요정치살롱은" 매주 월요일 마다 주민들이 모여 생활정치, 지역정치, 그리고 실질적인 진보담론을 이야기하는 자리이며, 매월 한번씩 화제의 인물을 초청하여 토크쇼 및 활발한 플로어 토론을 가질 예정이다.

"월요정치살롱"은 지역의 자발적 주민참여정치 공간은 물론, 한국사회의 발전방향에 대해 중요한 담론을 제공할 것으로 기대된다. 또한 "월요정치살롱"은 "트위터, 페이스북, 아프리카" 등 인터넷 방송과 온라인을 통해 실시간으로 제공될 예정이다.

참고자료

마포지역에서 주민참여 정치를 위한 '월요정치살롱'의 문을 엽니다!

오늘날의 리더십은 소통의 능력에 있습니다.

과제보다 과정을, 해결보다 소통이 중요합니다.

그 누군가 아주 뛰어난 지도자가 나타나,

"내가 모든 문제를 해결하겠노라. 아무것도 걱정하지 말고, 대동단결하여 나만 따르라!"

이것은 70년대에나 통할 법한 권위주의적 리더십입니다.

이제 정치 1번지 마포에서 '소통주의 정치, 주민참여 정치'를 함께 모색해 봅시다.

그간 쌓아 온 지식과 경험에서 나오는 "이건 이래야 해! 저

건 벌써 틀려먹었어!"라는 식의 귀납적 담론보다는 모든 가능
성과 대안을 열어두고 터무니없다 싶은 이야기까지도 귀 기울
이는 열린 토론의 자리를 함께 만들어 봅시다.

매주 월요일! '살롱 드 마랑'에서 '월요정치살롱'을 시작합니다.
매월 1회! 함께 이야기 나누고 싶은 분을 모시고 '정치 토크
쇼'를 진행합니다.

〈마포정치살롱〉의 첫 번째 문을 여러분과 함께 활짝 열겠습니다.

* **게 스 트** : 심상정(진보신당 전 대표)
* **진 행 자** : 유용화(시사평론가)
* **진행형식** : 호프와 함께 하는 토크쇼
* **순   서** :
    - 여는 발언 : 심상정 전 대표(10분)
    - 토크쇼 : 50분
    - 플로어 토론 : 40분
    - 호프와 함께 하는 대화
* **날   짜** : 2010년 10월 11일(월요일), 저녁 8시
* **장   소** : 살롱 드 마랑(마포구청역 4번 출구 30미터
            직진→가마솥 순대국 식당 건물 옥상)

월요정치살롱 스탭 일동

김동관(성미산마을서재운영위원), 김성섭(마포풀뿌리좋은정치네트워크대표), 문치웅((사)사람과마을운영위원), 오성규(시민사회단체연대회의운영위원장), 위성남((사)사람과마을운영위원장), 유용화(시사평론가), 이명수(마포에가까운이웃들운영위원), 조경민(살롱드 마랑대표)

월요정치살롱 취지

- 일상생활에서 주민들의 자발적 정치 토론의 공간을 마련한다.
- 이는 지역에서 아래로부터의 정치 담론을 모색하는 기회가 될 것이다.
- 특정한 정치적 성향 중심이 아니라 우리 시대의 민주적이며, 진보적인 지향을 갖는 다종다양한 사람들이 함께 어울리는 대화의 장을 만든다.
- 이러한 과정을 통해 지역이 시민·주민들의 자발적인 정치적 실천을 만들어 간다.

추진 과정

- 2009년 하반기 : 주민참여자치모임 진행, 마포구 2009년도 예산 분석 및 요구 활동
- 2010년 상반기 : 마포지역 풀뿌리좋은정치네트워크 결성. 주민조직-주민공천-주민후보를 선출(구의원 후보)하여 지

방선거에 참여. 마포지역 공동선거본구 구성.
- 2010년 하반기 : 월요정치살롱 추진

추진 주체

- 올 상반기 지방선거 참여의 경험을 바탕으로, 지역에서 아
  래로부터의 주민참여 정치를 모색하는 다양한 정치적 성향
  의 사람들의 모임.
- 특정한 조직체를 만들지 않고, 누구나 관심 있는 사람들이
  자유롭게 참여할 수 있도록 '월요정치살롱 스탭진'의 개념
  으로 진행하기로 함.
- 이 '스탭진'은 매월 토크쇼를 진행할 때마다 참석자들의 자
  발적 참여에 따라 세부 구성원이 바뀔 수도 있음.

이후 계획

- 매월 마지막 주 월요일마다 정치살롱 진행
- 매주 월요일마다 보다 작은 규모의 정치모임 진행(장소는
  '살롱 드 마랑'에서 진행)
- 정치살롱 초청 게스트를 올해는 유명 정치인 중심으로 섭외
  하고, 내년에는 지역 정치인과 시사평론가, 시민운동가들로
  확대
- 온오프라인으로 일상적 소통 확대

이정희 민노당 대표 "월요정치살롱"에서 2012년 대선, 야권연대, 최근 국회상황, 남북관계 등에 관해 광범위하게 논의

성미산 공동체, 주민 참여를 통한 새로운 정치실험 모색

아래로부터의 주민참여 정치를 실현한다는 취지로 지난 10월 시작한 "월요정치살롱"이 두 번째 초대손님으로 '이정희 민노당 대표'와 함께 남북관계와 2012년 대선 등 최근의 정치현안을 진단해 보는 자리를 마련한다,

월요정치살롱은 지난 6월 지방선거를 통해 자발적 정치참여의 새로운 실험을 경험했던 마포지역 주민들을 중심으로, 아래로부터의 정치담론을 실현하고, 이를 통해 한국민주주의 근간과 실질적 참여정치의 토대를 만들어 본다는 취지로 만들어진 자리이다.

오는 12월 20일(월) 저녁 8시, 최근 화제의 중심인물로 떠오르고 있는 이정희 민노당 대표와 함께 한국정치를 진단하고, 새로운 길을 모색해 보는 자리를 마련한 "월요정치살롱"

은 첫 번째 초대손님이었던 심상정 전 진보신당 대표에 이어, 두 번째로 이정희 민노당 대표를 초대해 최근 정치, 사회현안과 함께 한국 진보정치의 방향을 논의한다.

토크쇼 형태로 진행될 '월요정치살롱'은 시사평론가 유용화씨가 진행을 맡고 있는데, 이정희 대표와의 현안 대담외에 참석자들과 함께 플로어 토론도 활발하게 진행될 예정이다. 최근 위기로 치닫고 있는 남북관계에 대한 이정희 민노당 대표의 입장, 2012년 대선과 야권연대에 대한 구체적 방향, 그리고 파행국면인 현 국회상황을 타개할 방향에 대해 심도있는 논의도 이루질 것으로 보인다. 또한 진보정당이 아직도 주민들의 생활과 내용에 결합하지 못하고 있는 현실 진단 및 진보신당과의 통합에 대해서도 깊이 있는 질의와 토론도 예정되어 있다.

이번이 두 번째인 "월요정치살롱은" 매주 월요일 마다 주민들이 모여 생활정치, 지역정치, 그리고 실질적인 진보담론을 이야기하는 자리이며, 매월 한번씩 화제의 인물을 초청하여 약 2시간여 동안 토크쇼 및 가감없는 토론도 갖고 있다.

"월요정치살롱"은 지역의 자발적 주민참여정치 공간은 물론, 한국사회의 발전방향에 대해 중요한 담론을 제공할 것으로 기대된다.

또한 "월요정치살롱"은 "트위터, 페이스북, 아프리카" 등 인터넷 방송과 온라인을 통해 실시간으로 제공될 예정이다.

옥상 위 '정치 살롱'

2010. 10. 25. 시사인 이숙이 기자

저녁 8시가 넘어서면서 기온이 뚝 떨어지고, 주위가 어둑어둑한데도 사람들이 하나둘 옥상 위로 모여들었다. 10월11일 저녁 서울 마포구의 한 건물 옥상에서 진행된 '월요정치살롱'에 참여하기 위해서다.

'월요정치살롱'은 다양한 공동체 운동을 펼치고 있는 성미산 주민들이 주민자치를 어떻게 하면 더 활성화하고, 중앙 정치권의 담론에도 어떻게 하면 더 능동적으로 참여할 수 있을까를 고민하다 새로 만든 모임이다. 매주 월요일 주민들이 모여 생활 정치, 지역 정치 얘기를 나누자는 뜻에서 '월요정치살롱'이라고 이름 붙였다. 한 달에 한 번씩은 중앙 정치인이나

화제의 인물을 초청해 토크쇼 형식의 토론회도 가질 계획이
다.

　살롱 첫날인 이날은 심상정 전 진보신당 대표가 초청을 받
아 이 지역 출신 시사평론가 유용화씨(50)와 대담을 나눴다.
심 전 대표는 "진보정당이 왜 생활 정치에 더 밀착하지 못하
는지" 같은 담론성 질문에서부터 "왜 투표 사흘 전에 경기도지
사 후보에서 사퇴했는지" 같은 송곳 질문 세례를 받고 적잖이
곤혹스러워했다. 다음 달 초대 손님으로는 이정희 민노당 대표
가 예정되어 있다.

　월요정치살롱의 사회를 계속 맡게 될 유용화씨는 "생맥주
한잔 앞에 두고 편하게 만나는 자리지만, 오시는 분들이 대부
분 '참여'에 적극적인 주민들이라 대화의 수준이 높다. 소통
정치를 실험하는 또 다른 장이 될 것이다"라고 말했다

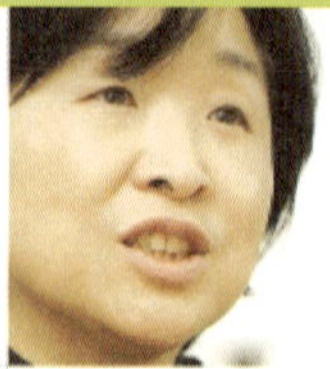

주민 참여 정치를 위한
⟨월요정치살롱⟩의 첫번째 토크쇼

심상정, 가슴 속 정치를 말하다

오늘날의 리더십은 소통의 능력에 있습니다.
과제보다 과정이, 해결보다 소통이 중요합니다.
누군가, "내가 모든 문제를 해결하겠소. 아무 걱정하지 말고, 대동단결하여 나
만 따르시오!" 한다면, 여러분은 그를 따르시겠습니까?
이것은 70년대에나 통할 법한 권위주의적 리더십입니다.

이제 대안정치 1번지로 떠오르는 마포에서 '소통의 정치, 주민참여의 정치' 를
함께 모색해 봅시다.
그간 쌓아 온 지식과 경험에서 나오는 "이건 이래야 해! 저건 벌써 틀려먹었어!"
라는 식의 귀납적 토론보다는 모든 가능성과 대안을 열어두고, 터무니없다 싶
은 이야기까지도 귀 기울이는 열린 토론의 자리를 만들어 보려 합니다.

매주 월요일! '살롱 드 마랑' 에서 ⟨월요정치살롱⟩이 열립니다.
매월 1회! 함께 이야기 나누고 싶은 분을 모시고 ⟨정치 토크쇼⟩를 진행합니다.
월요정치살롱, 그 첫 번째 문을 여는 자리에 여러분을 초대합니다.

초대손님 ● **심상정** (진보신당 전대표)
진행 ● **유용화** (시사평론가)

일시 ● 2010년 10월 11일(월) 오후 8시
장소 ● 살롱 드 마랑(070-7760-8231)
참가비 ● 1만원(맥주/음료와 간단한 안주를 제공합니다)
문의 ● 010-2293-0799(위성남)

월요정치살롱 스탭 일동

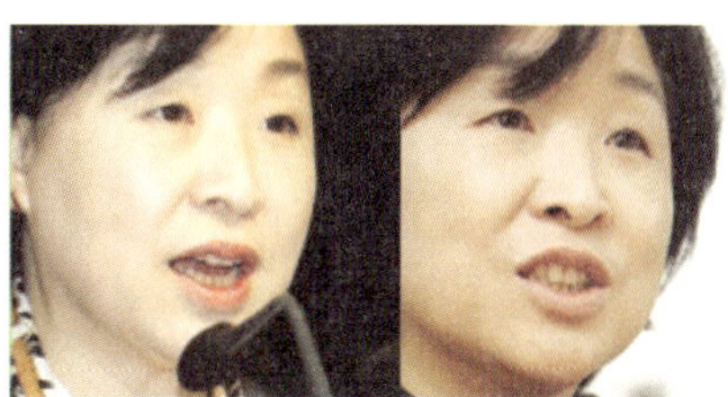

매주 월요일!
주민참여의 정치, 소통의 정치를 위한 이야기 나눔터
〈월요정치살롱〉이 열립니다.

매월 1회!
함께 이야기 나누고 싶은 명사를 모시고
〈정치 토크쇼〉를 진행합니다.

다사다난했던 2010년을 마무리하는
12월의 정치토크쇼에는
이정희 민주노동당 대표를 초대손님으로 모십니다.
즐겁고 열띤 토론의 자리에 여러분을 초대합니다.

– 월요정치살롱 스탭 일동 –

이 정 희

1969	서울 출생
1987	서울대 법대 입학
1990	서울대 총여학생회장
1992	서울대 법대 졸업
1996	제38회 사법시험 합격
2000	사법연수원 제29기 수료 · 변호사 개업
2001	주한미군범죄근절운동본부 운영위원
2006	주한미군범죄근절운동본부 공동대표
2008	민노당 18대 총선 비례대표 당선 · 민주노동당 원내 부대표
2010	민주노동당 대표

초대손님 ● **이정희** (민주노동당대표)
진행 ● **유용화** (시사평론가)

일시 ● **2010**년 **12**월 **20**일 **(월)** 오후 **8**시
장소 ● **살롱 드 마랑** (070–7760–8231)
참가비 ● **1만원** (맥주/음료와 간단한 안주를 제공합니다)
문의 ● **010–2293–0799** (위성남)

주민 참여 정치를 위한
〈월요정치살롱〉 두번째 토크쇼
- 이정희 민주노동당 대표 초청 토론 -
유연한 메스로
세상을 수술할 수 있을까?

〈월요정치살롱〉
- 이정희 민주노동당 대표 초청 토론 -
유연한 메스로
세상을 수술할 수 있을까?
희-소식
이정희의원
http://cafe.daum.n

2012... 486은 있다?

이인영 민주당 최고위원 초청 토론

'소통의 정치, 주민참여의 정치'를 꿈꾸며 터놓고 정치를 이야기하는
마포 주민들의 정치놀이터 〈월요정치살롱〉이
이인영 민주당 최고위원을 초대손님으로 모시고
세번째 명사초청 토크쇼를 진행합니다.
대한민국 정치가 한판의 결전을 치루게 될 2012년,
486정치의 키맨 이인영의 생각과 방법론이 궁금합니다.
오셔서 즐겁고 열띤 토론의 자리를 만들어주십시오.
– 월요정치살롱 스탭 일동 –

초대손님 ● **이인영**(민주당 최고위원)
진행 ● **유용화**(시사평론가)

일시 ● 2011년 3월 28일(월) 오후 8시
장소 ● 살롱 드 마랑(070-7760-8231)
참가비 ● 1만원(맥주/음료와 간단한 안주를 제공합니다)
문의 ● 010-2293-0799(위성남)

소통의 정치, 주민 참여 정치를 위한
월요정치살롱
초대손님 이인영 민주당 최고위원
진행 유용화 시사평론가
2012...
을 있다?
28 오후 8시

주민 참여 정치를 위한 월요정치살롱 네번째 명사초청 토크쇼

바꾸지 않으면
바꾸자!

세금혁명당 제안자
선대인

●동아일보 기자 ●미디어다음 취재팀 차장 및 팀장 ●'Korea Policy Review' (하버드 케네디스쿨 발간)
공동편집장 ●서울특별시 정책전문관 ●현 김광수경제연구소 부소장 ●현 세금혁명당 제안자(임시 대표)

초대손님 | 선대인(김광수경제연구소 부소장)
진 행 | 유용화(시사평론가)

일 시 | 2011년 5월 23일(월) 오후 8시
장 소 | 살롱 드 마랑 (070-7760-8231)
참가비 | 1만원(맥주/음료와 간단한 안주를 제공합니다)
문 의 | 010-2007-1225(조반장)

↑월드컵경기장
← 성산대교   연세대학교 →
● 마포구청역 4번출구
● 살롱 드 마랑 (가마솥순대국 3층)
망원역↓ ● LG전자

소통의 정치, 주민참여
의 정치를 꿈꾸며 터놓고 정
치를 이야기하는 마포 주민
들의 정치놀이터 〈월요정
치살롱〉이 최근 대한민국
소셜네트워크를 뜨겁게 달구
고 있는 〈세금혁명당〉의
제안자 선대인님을 초대손
님으로 모시고 네번째 명사
초청 토크쇼를 진행합니다.
오셔서 즐겁고 열띤 토론의
자리를 만들어주십시오.
● 월요정치살롱 스텝 일동

주민 참여 정치를 위한 **월요정치살롱** 다섯번째 명사초청 토크쇼

"진보개혁세력 집권위해 역할 하겠다"

민주당 최고위원 **천 정 배**

초대손님	**천정배**(민주당 최고위원, 당개혁특위 위원장)
진 행	**유용화**(시사평론가)

일 시	**2011년 6월 13일(월) 오후 8시**
장 소	**살롱 드 마랑**(070-7760-8231)
참 가 비	**1만원**(맥주/음료와 간단한 안주를 제공합니다)
문 의	**010-2007-1225**(조반장)

소통의 정치, 주민참여의 정치를 꿈꾸며 터놓고 정치를 이야기하는 마포 주민들의 정치놀이터 〈월요정치살롱〉이 민주당 개혁의 선봉에 서 있는 〈민주당 개혁특위 위원장〉 천정배 의원을 초대손님으로 모시고 다섯번째 명사초청 토크쇼를 진행합니다. 오셔서 즐겁고 열띤 토론의 자리를 만들어 주십시오.

● 월요정치살롱 스텝 일동

유럽과 미국, 거리정치와 시민정치로 들끓다...오성규
2012 대선후보 樂써 퍼포먼스...
월요정치살롱 1년...톺아보기
무상급식 주민투표 D-2...뭐라도 합시다.
마포사람들...서로 알고 좀 지냅시다^^

참여한 분들에게 본인캐리커처 명찰을 드립니다.

주민참여정치를 위한 월요정치살롱의 첫번째 소셜파티

정치를 발로 차지 마라. 너는 한 번이라도 뜨거운 정치를 꿈꾼 적이 있는가.....안도현
정치하기를 그만두고서 정치하기를 원하지 않는 사람들에게 우리는 철학적 웃음으로밖에 대답할 길이 없다 ......무코
인생은 짧고 정치는 길다 ......이포크라테스
정치만족, 발로 뛰겠소, 올레 ......KT
정치가 너를 위해 무엇을 할 것인지 묻지 말고 네가 정치를 위해 무엇을 할 수 있을지 생각해야 한다 ......케네디
우리 정치 푸르게푸르게 ......유한킴벌리
니들이 정치를 알아 ......롯데리아
학부모는 국회의원이 되라고 하고 부모는 좋은 정치인이 되라고 한다 ......국정홍보처
나는 정치다 ......MBC

내가성미쌤이다.
숲 그대로 숨터 놀이터 배움터라.
나두 나두

정치는 왜

1판 1쇄 인쇄 2011년 12월 30일
1판 1쇄 발행 2012년 01월 10일

엮은이·지은이 유용화
편집주간 박선영
편집기획 김범석
디 자 인 김범석

발 행 인 김영길
펴 낸 곳 도서출판 선영사
주   소 서울시 마포구 서교동 485-14 영진빌딩 1층
Tel 02-338-8231~2   Fax 02-338-8233
E-mail   sunyoungsa@hanmail.net
Web site   www.sunyoung.co.kr

등   록 1983년 6월 29일 (제02-01-51호)

ISBN 978-89-7558-183-0   03340

ⓒ 이 책은 도서출판 선영사가 저작권자와의 계약에 따라 발행한 것이므로 본사의
서면 허락 없이는 어떠한 형태나 수단으로도 이 책의 내용을 이용하지 못합니다.

·잘못된 책은 바꾸어 드립니다.